职业教育·通用课程教材

大学生
职业生涯规划

匡华云　梁　晶　主　编
王海军　李孝刚　副主编
李　龙　主　审

人民交通出版社
北　京

内 容 提 要

本书为职业教育通用课程教材。本书主要内容包括职业和职业生涯规划概述、职业生涯规划的基本理论、职业生涯规划的个体因素、职业生涯规划的环境认知、职业路径设计与规划、职业素养提升。

全书通过“课前导入”“课后训练”等栏目,系统阐述职业生涯规划的基本理论、方法和实践,使学生深入理解职业与人生发展的关系,掌握职业生涯规划的科学方法,培养自我认知能力、环境分析能力和职业决策能力,提升职业素养和社会适应能力,成为具有正确职业观念、明确发展目标、较强实践能力的高素质人才。

本书可作为职业院校大学生职业生涯规划课程教材,也可供从事职业生涯规划工作的人员参考使用。

*** 本书配套课件等教学资源,任课教师可通过加入职教公共基础课教学研讨群(QQ 群号:985149463)获取。**

图书在版编目(CIP)数据

大学生职业生涯规划/匡华云,梁晶主编. —北京:人民交通出版社股份有限公司,2025.8. —ISBN 978-7-114-20657-3

Ⅰ. G717.38

中国国家版本馆 CIP 数据核字第 2025TZ7815 号

职业教育 · 通用课程教材

Daxuesheng Zhiye Shengya Guihua

书　　名: **大学生职业生涯规划**
著 作 者: 匡华云　梁　晶
责任编辑: 袁　方　张一梅
责任校对: 赵媛媛　魏佳宁
责任印制: 张　凯
出版发行: 人民交通出版社
地　　址: (100011)北京市朝阳区安定门外外馆斜街 3 号
网　　址: http://www.ccpcl.com.cn
销售电话: (010)85285911
总 经 销: 人民交通出版社发行部
经　　销: 各地新华书店
印　　刷: 北京印匠彩色印刷有限公司
开　　本: 787 × 1092　1/16
印　　张: 11.5
字　　数: 241 千
版　　次: 2025 年 8 月　第 1 版
印　　次: 2025 年 8 月　第 1 次印刷
书　　号: ISBN 978-7-114-20657-3
定　　价: 48.00 元

前　言

当今时代，随着经济社会的快速发展和产业结构的不断升级，社会对人才的需求日益多元化，大学生的职业选择更加丰富多样，职业发展路径也愈加复杂。对于大学生而言，如何在众多的职业中找到适合自己的职业，如何科学规划自己的职业生涯，已成为关系其人生发展的重要课题。

习近平总书记在党的二十大报告中强调“实施科教兴国战略，强化现代化建设人才支撑”，并指出要“完善人才战略布局，坚持各方面人才一起抓，建设规模宏大、结构合理、素质优良的人才队伍”。职业生涯规划教育以培养德智体美劳全面发展的社会主义建设者和接班人为根本任务，以帮助学生科学认知自我、理性分析环境、合理设定目标为核心内容，成为新时代高等教育人才培养的重要组成部分。

本书根据新时代高等教育改革发展要求和大学生成长发展的需要编写而成。全书共6个模块：职业和职业生涯规划概述、职业生涯规划的基本理论、职业生涯规划的个体因素、职业生涯规划的环境认知、职业路径设计与规划、职业素养提升。本书围绕职业生涯规划的基本理论与方法，结合大学生的认知特点和发展需要，系统介绍了职业认知、自我探索、环境分析、目标设定、路径规划等核心内容，构建了相对完整的职业生涯规划理论体系和实践框架。为了充分体现职业生涯规划课程的实践性特色，本书在每个模块设置了“课前导入”“课后训练”等栏目，旨在帮助学生将理论学习与实践探索相结合，在思考和练习中内化所学，引导学生建立科学的职业观念、形成正确的规划思维。

本书由湖南高速铁路职业技术学院匡华云、梁晶担任主编，湖南高速铁路职业技术学院王海军、李孝刚担任副主编，湖南高速铁路职业技术学院李龙担任主审。具体编写分工如下：模块1由湖南高速铁路职业技术学院匡华云、廖一霖编写，模块2由湖南高速铁路职业技术学院梁晶、邓明明编写，模块3由湖南高速铁路职业技术学院王海军、石楚玉编写，模块4由湖南高速铁路职业技术学院李孝刚、宋亚科编写，模块5由湖南高速铁路职业技术学院匡华云编写，模块6由湖南高速铁路职业技术学院梁晶、王文婷编写。全书由匡华云统稿。

由于编者水平有限，书中难免存在不足和疏漏之处，恳请广大师生提出宝贵的意见和建议，以便及时修订完善。

编　者

2025年5月

数字资源索引

资源使用说明：

1. 扫描封面二维码，注意每个二维码只可激活一次；

2. 长按弹出界面的二维码，关注“交通教育出版”微信公众号，自动绑定资源；

3. 公众号弹出“购买成功”通知，点击“查看详情”，进入后即可查看资源；

4. 也可进入“交通教育出版”微信公众号，点击下方菜单“用户服务—图书增值”，选择已绑定的教材进行观看。

序号	资源名称	资源类型	所在页码
1	职业的基本概念	动画	3
2	职业生涯规划的具体方法	动画	10
3	职业生涯规划理论	动画	25
4	人职匹配	动画	27
5	自我能力与兴趣的认知	动画	43
6	环境认知	动画	83
7	影响职业发展的因素	动画	111
8	职业目标的设定	动画	115
9	学业与能力规划	动画	123
10	职业生涯规划方案撰写	动画	128
11	职业生涯规划动态分析调整	动画	134
12	职业素养提升	动画	142
13	如何进行求职面试	动画	145
14	如何保持良好的就业心态	动画	148
15	适应工作新环境的方法	动画	149
16	学习能力的养成	动画	158
17	人际交往能力的养成	动画	161
18	如何进行求职笔试	动画	163
19	团队合作能力的养成	动画	165

目　录

模块 1　职业和职业生涯规划概述 ………………………………………… 1

单元 1　职业 ………………………………………………………… 3
单元 2　职业生涯 …………………………………………………… 7
单元 3　职业生涯规划 ……………………………………………… 10
模块小结 ……………………………………………………………… 21
课后训练 ……………………………………………………………… 21

模块 2　职业生涯规划的基本理论 ……………………………………… 23

单元 1　特质因素理论 ……………………………………………… 25
单元 2　霍兰德职业兴趣理论 ……………………………………… 28
单元 3　舒伯的生涯发展理论 ……………………………………… 32
模块小结 ……………………………………………………………… 37
课后训练 ……………………………………………………………… 38

模块 3　职业生涯规划的个体因素 ……………………………………… 41

单元 1　能力与职业 ………………………………………………… 43
单元 2　个性与职业 ………………………………………………… 52
单元 3　兴趣与职业 ………………………………………………… 70
模块小结 ……………………………………………………………… 77
课后训练 ……………………………………………………………… 78

模块 4　职业生涯规划的环境认知 ……………………………………… 81

单元 1　环境认知的内容 …………………………………………… 83
单元 2　环境认知的途径 …………………………………………… 97
单元 3　认识环境认知的阶段性 …………………………………… 99
模块小结 ……………………………………………………………… 105

课后训练 …… 106

模块 5　职业路径设计与规划 …… 109

单元 1　分析职业目标的影响因素 …… 111
单元 2　确立职业目标 …… 116
单元 3　提升学业计划与职业能力 …… 123
单元 4　撰写职业生涯规划方案 …… 127
模块小结 …… 136
课后训练 …… 136

模块 6　职业素养提升 …… 139

单元 1　认识职业素养 …… 142
单元 2　社会适应能力 …… 145
单元 3　培养核心素养 …… 151
单元 4　培养实践能力 …… 158
模块小结 …… 166
课后训练 …… 167

附录　职业生涯规划课程评价反馈问卷 …… 170

参考文献 …… 175

模块 1

职业和职业生涯规划概述

课前导入

一名铁道机车专业毕业生的职业困惑

小李是某铁道职业技术学院铁道机车专业的毕业生。参加春季校园招聘(简称“春招”)时,室友们都积极投简历面试,但小李觉得“在车站干活又脏又累,工资也不高”,他虽然投了简历,但没有认真准备,最后也没被录取。

毕业后找工作时,小李发现好的铁路岗位基本都在校园招聘时招满了,社会招聘很少。无奈之下,他开始“海投”各种工作:先是做了几个月快递员,嫌太累辞职了;后来去某厂当流水线工人,觉得没前途又跳槽;再后来做过外卖骑手、超市理货员、服装店销售员。两年多下来,换了六七份工作,每份工作都干不长久,月收入也不高。

今年同学聚会时,小李发现当初参加春招进入铁路系统的同学发展都不错。而自己工作不稳定,没有专业技能积累,对未来也很迷茫。

最近小李又在网上投简历找工作,看到一些工厂招工信息就投,也不考虑是否适合自己。他跟朋友说:“反正都是打工,哪里工资高就去哪里,走一步看一步吧。”

思考题

1. 小李在职业选择中存在哪些问题?
2. 如果你是小李,面对春招的机会时会怎么做?
3. 这个案例给你什么启示?

学习目标

知识目标

(1)理解职业的概念、特征及其在人生发展中的核心地位和意义。

(2)掌握职业生涯的内涵、特点和分类。

(3)深入了解职业生涯规划的基本概念、要素和实施流程。

(4)认识大学生职业生涯规划的前瞻性、针对性、适时性、可行性特点及其对个人成长的意义。

技能目标

(1)能够科学分析与客观评估自身职业发展特点和潜能。

(2)能够制订个人短期、中期和长期职业生涯规划方案。

(3)能够适应社会环境变化并具备职业转换能力。

(4)能够分析决策职业生涯发展问题并进行有效调整。

素质目标

(1)培养积极的职业态度和科学的职业价值观。

(2)形成正确的人生观、事业观和成功观。

(3)树立终身学习、持续发展和自我提升的观念。

(4)增强职业生涯发展的主动性、责任感和创新精神。

思维导图

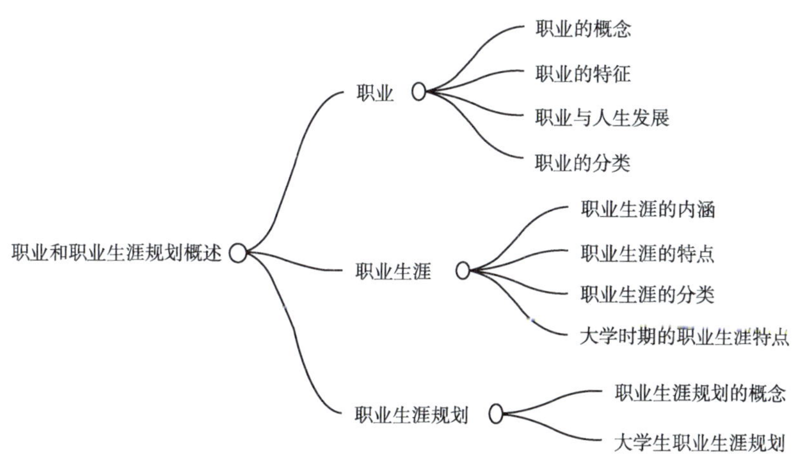

单元 1 职 业

一、职业的概念

职业的概念由来已久,对职业概念的界定主要是从社会学和经济学角度进行的。

从社会学角度出发,职业包括四个方面的内容:第一,职业是社会分工体系中的一种社会位置;第二,职业是一种模式;第三,职业与权力、利益紧密相连;第四,职业是国家确认和认可的。

经济学中对职业含义的解释也包含四个方面的内容:第一,职业是社会分工体系中劳动者所获得的一种劳动角色;第二,职业是一种具有社会性的活动;第三,职业具有持续性和稳定性;第四,职业具有经济性。

综上所述,职业是社会成员对社会所承担的职责和工作,其包含以下几方面的含义:第一,与人类的需求和职业结构相关,强调社会分工;第二,与职业的内在属性相关,强调利用专门的知识和技能;第三,与社会伦理相关,强调创造物质财富和精神财富,获得合理报酬;第四,与个人生活相关,强调物质生活来源,并同时满足精神生活需求。

职业不是人类社会一经形成便立即出现的,而是在人类社会发展到一定的阶段,出现社会分工后的产物。很多职业的产生和消亡都证明了这一点。在社会需求的推动下,那些不再为社会所需要的职业会逐渐萎缩直至消亡,新的职业会不断产生。因此,我们在选择职业类型时不仅要考虑个人职业发展意愿,更要考虑时代进步所引起的社会需求的变化。

二、职业的特征

职业具有以下几个方面的特征。

(一)基础性

职业是个人和社会存在发展的基础。职业为社会成员提供基本生活来源,是社会成员生存和发展的经济保障,也是各种社会活动得以开展的重要前提。

(二)广泛性

职业涉及社会的绝大部分成员,覆盖政治、经济、教育、科技、文化等各个领域,具有覆盖面广、影响范围大的特点。

(三)时代性

职业随着时代的发展而变化,新职业不断涌现,传统职业逐步消失或转型。同时,不同时代有不同的热门职业,体现出了鲜明的时代特色。

(四)同一性

同一类职业的工作内容、劳动条件、操作方式、人际关系等方面具有相同或相似性,从业者容易形成共同的行为模式和职业认同感。

(五)差异性

不同职业在工作内容、技能要求、社会地位、收入水平、工作环境等方面存在显著差异,体现出职业的多样性特点。

(六)稳定性

职业要求从业者相对稳定地从事某项工作,以便积累经验、提升技能。职业对从业者的专业素质要求越高,其稳定性越强。

(七)发展性

随着社会的进步和技术的不断演变发展,职业内容、工作方式、技能要求等都会发生变化，这体现出职业的动态发展特征。

三、职业与人生发展

（一）人生的理解

现代人认为人的一生有三条最重要的发展线：生物线、家庭线、职业生涯线。认为人的生命历程主要由三种“旋律”交互影响，即工作、职业与事业；情感、婚姻与家庭；个人身心发展与自我成长。这是我们每个人生命中最重要的三条发展线，或者说三个周期，它们是相互联系、相互影响的，既是动力，也可能成为阻力。

从 18 岁到 25 岁，也就是大学阶段，人的生物发展到达了顶峰，职业生涯在此时处于平缓的起步阶段，而家庭周期还没有开始发展。从 25 岁到 35 岁，是个人快速发展阶段，而职业生涯进入了发展最快的阶段。35 岁之后，职业生涯发展在个人一生的发展中占据主导地位。

（二）人生成功与职业发展

1. 职业在生活中的重要地位

在现代社会中，职业在个人生活中占据着举足轻重的地位，是个人实现人生价值、获得社会认同的重要途径，也是个人经济来源和社会地位的主要决定因素。

从时间维度来看，职业几乎贯穿人的整个成年生活。我们从事职业的时期通常从 20 多岁开始，到 60 多岁结束，占据人生最重要的黄金时期。每天用于工作、上下班通勤，加上业余时间以及与工作相关的思考、学习、应酬等时间，占到日常社会活动时间的 71% ~92%。对于某些职业而言，这一比例还会更高。

从社会功能来看，职业不仅是个人谋生的手段，更是实现自我价值、服务社会的重要平台。通过职业活动，人能够发挥自身才能，为社会创造价值，获得成就感和满足感。同时，职业也是个人融入社会、建立人际关系的重要纽带，影响着个人的生活方式、社会圈层和人生轨迹。

2. 职业赋予人生的意义

职业对人生的意义主要体现在以下几个方面。

（1）职业赋予时间更多的意义。

人在任何时候都希望拥有充实感。正如一位名人所说：“通过工作我们不但创造产品，而且赋予时间意义。”很多人都有过“有时间，而不知道做什么”的无聊；而工作，真正让我们有了“有所事事”的充实感。

(2)职业赋予人一定的社会角色。

人第一次相遇时,一般都会问对方:“您是做什么工作的?”当我们有一份工作时,就要扮演一定的社会角色,承担一定的社会责任,并希望得到社会、家庭、朋友、同事等的认同。

(3)职业满足个人生活需要。

获得薪酬固然是工作目的之一,但从工作中还可以获得更多比薪酬更重要的东西。工作任务可以锻炼我们的意志,发挥我们的才能,培养我们的人格,提高我们的能力。工作还可以丰富我们的思想,增强我们的智慧,发展我们的技能,增加我们的社会工作经验,提升我们的人格魅力。

(4)职业决定人的生活方式。

选择了一个职业,实际上就是选择了一种生活方式。作为一名售货员,通常意味着要放弃周末、节假日的时间为顾客服务;作为一名警察,就要随时做好接受任务去解决突发问题的准备;而一名画家就会有很多可以自由支配的时间。这种生活的不同是由职业的特点决定的,不同的职业具有不同的生活方式。

四、职业的分类

《中华人民共和国职业分类大典(2022 年版)》作为国家职业分类标准,该分类体系具有权威性、科学性和实用性。

(一)职业分类的层级结构

《中华人民共和国职业分类大典(2022 年版)》采用四级分类结构,将我国职业分为 8 个大类、79 个中类、450 个小类、1639 个细类(职业),形成了完整的职业分类体系。

(二)八大职业类别

根据工作性质、技能要求和社会功能的不同,我国职业分为以下 8 个大类:

(1)第一大类:党的机关、国家机关、群众团体和社会组织、企事业单位负责人。包括 6 个中类,16 个小类,25 个细类。主要涵盖各级领导干部和管理人员。

(2)第二大类:专业技术人员。包括 11 个中类,125 个小类,492 个细类。涵盖工程技术、卫生、教育、文化、法律等各类专业技术岗位。

(3)第三大类:办事人员和有关人员。包括 4 个中类,12 个小类,36 个细类。主要包括行政、安全和消防、法律事务等工作人员。

(4)第四大类:社会生产服务和生活服务人员。包括 15 个中类,96 个小类,356 个细类。涵盖销售、餐饮、房地产、公共设施管理等服务行业从业者。

(5)第五大类:农、林、牧、渔业生产及辅助人员。包括 6 个中类,24 个小类,54 个细类。涵盖农业、林业、畜牧业、渔业等生产人员。

(6)第六大类:生产制造及有关人员。包括 32 个中类,172 个小类,671 个细类。这是分类最细、涵盖面最广的大类,包括各类生产制造和运输行业的操作人员。

(7)第七大类:军队人员。包括 4 个中类,4 个小类,4 个细类。涵盖军官(警官)、军士(警士)、义务兵等军队人员。

(8)第八大类:不便分类的其他从业人员。包括 1 个中类,1 个小类,1 个细类。主要指难以归入前七类的其他从业人员。

单元2 职 业 生 涯

一、职业生涯的内涵

"生涯"(Career)一词由来已久。"生"原意为"活着","涯"原意为"边际","生涯"连起来是"一生"的意思,可以理解为贯穿个人一生的各种活动。从字源看,来自罗马字 via carraria 及拉丁字 carrus,二者均指古代战车。在希腊,Career 这个词有疯狂竞赛的精神,如驾驭赛马。在西方人的概念中,使用"生涯"一词就如同在马场上驰骋竞技,隐含有未知、冒险、克服困难的精神。一般说来,"生涯"通常有两种用法:一种是当名词用,有向上的职业流动之意,表示某种行业可由基层循级而上。例如,"军人生涯",是指由军校学生、尉官、校官而晋升将官的一种职业生涯。另一种是当形容词用,有"职业稳定"之意,表示某种特定的就业状态。例如,"职业军人"。这两种用法意指"持续性"或"持久性",对个人的前程和发展而言,均有跨越"时间"和"空间"的含义。

不同的学者从不同的角度对职业生涯进行了界定,一般有广义和狭义两种理解。广义的职业生涯是指从职业兴趣的培养、职业能力的获得,到选择职业、就职,直至最后退出职业劳动这样一个完整的职业发展过程。狭义的职业生涯是指从踏入社会开始,包括从事工作之前的职业训练或职业学习,直至职业劳动的最终结束,离开工作岗位为止。

具体地讲,职业生涯是以心理开发、生理开发、智力开发、技能开发、伦理开发等人的潜能开发为基础，以工作内容的确定和变化，工作业绩的评估，工资待遇、职称、职务的变动为标志，以满足需求为目标的工作经历和内心体验的过程。

二、职业生涯的特点

职业生涯相对于其他生涯而言，有其自身的特点。

（一）独特性

每个人从事某种职业的条件是不同的，对未来职业的憧憬是有差异的，对职业评价的角度是不一致的，在职业选择的态度上是多样性的，因此，每个人在职业生涯过程中做出的努力也是不尽相同的，从而使每个人的职业生涯呈现出与他人有区别的个性化。

（二）发展性

每个人的职业生涯，都是一种发展、演进的动态过程，是个体逐步实现其职业生涯目标，并不断判定和实施新目标的过程。这个发展过程有两种形式：一种是职务的升迁，指在同一职业甚至同一单位中，一个人职位的不断晋升；另一种是职业的改变，指一个人所从事工作内容的改变。

（三）阶段性

每个人的职业生涯发展过程都有着若干不同的阶段，不可能总是停留在某一个阶段上。职业生涯的各个阶段是紧密相连的，一般来说，前一个阶段是后一个阶段的基础，后一个阶段是前一个阶段的发展，各个阶段之间具有递进性。每个人在不同职业生涯阶段的目标和任务是不同的。

（四）整合性

职业生涯涵盖了人生整体发展的各个方面，而非仅仅局限于工作或职位。每个人在职业生涯发展过程中或者从事某项工作时，不是孤立地工作，而是与家庭、业余生活等紧密地联系在一起。每个人所从事的工作，往往决定他的生活状态，而且职业与生活息息相关。

（五）互动性

个人的职业生涯是个人与他人、个人与环境、个人与社会互动的结果。人是社会的人，不能脱离社会而存在。个人职业信息的掌握、职业选择的观念、职业生涯的状态、职业能力的锻炼，对其他人会产生影响。好的环境能坚定个人从事某种职业的信念，而随着社会的发展、新职业的出现、职业需求的变化，则会使个人对自己未来职业生涯重新进行思考。

三、职业生涯的分类

职业生涯分为外职业生涯和内职业生涯。

(一)外职业生涯

一般认为,外职业生涯是一个人在一生中所从事的各种职业的总称,是客观的职业,可以理解为从业时的工作单位、工作地点、工作内容、工作职务与职称、工作环境和工资待遇等因素的组合及其变化过程。外职业生涯通常由他人决定、给予和认可。在外职业生涯中外因很重要,外职业生涯因素可能与自己的付出不符,尤其在职业生涯初期。有的人一生疲于追求外职业生涯的成功,但内心极为痛苦,因为他们往往不了解外职业生涯发展是以内职业生涯发展为前提条件的。

(二)内职业生涯

内职业生涯是人一生中价值观、为人处世的态度与动机变化的过程,同时包括个人具有的能力、学识、观念、经验、心理素质、身体素质、内心感受等。内职业生涯主要靠自己不断探索获得,在内职业生涯中内因是主导。与外职业生涯的构成因素不同,内职业生涯各构成因素的内容一旦取得,他人便不能收回或剥夺。内职业生涯是真正的人力资本所在,提高内职业生涯所取得的工作成绩,会转化为外职业生涯的成功。

四、大学时期的职业生涯特点

大学生多处于18~25岁的青年期,这一阶段是职业生涯发展的重要探索时期,具有以下特点。

(一)职业认知的初步性

大学生对职业世界的认识主要来源于书本知识和间接经验,缺乏实际工作体验,对职业的理解往往比较理想化,容易产生认知偏差。对自身的职业兴趣、能力特长等还处于探索和确认阶段。

(二)职业选择的可塑性

大学阶段是人生发展的重要时期,是世界观、人生观、价值观、职业观形成的关键时期,职业目标和规划具有较强的可塑性和调整空间。通过学习、实践,可以不断完善和修正职业规划。

(三)职业准备的系统性

大学教育为职业发展提供了系统的知识结构和能力培养平台,大学生可以通过专业学习、实习实践、社会活动等多种途径学习职业技能和提升职业素养。

(四)职业焦虑的普遍性

面对激烈的就业竞争和多元化的职业选择,大学生普遍存在职业选择焦虑,对未来发展方向感到迷茫和不确定,需要科学的职业指导。

单元3 职业生涯规划

职业生涯规划的具体方法

一、职业生涯规划的概念

(一)职业生涯规划的内涵

职业生涯规划,有时也称职业生涯设计、职业生涯策划,简称生涯规划。这一概念是由人力资源管理专家威廉姆·J. 罗斯维尔(Willianm J. Rothwell)最先提出的。他认为:“职业生涯规划就是个人结合自身情况及眼前制约因素,为自己实现职业目标而确定行动方向、行动时间和行动方案。”职业生涯规划是指客观认知自己的能力、兴趣、个性和价值观,发展完整而适当的自我职业观念,个人发展要与组织发展相结合,在对个人和内部环境因素进行分析的基础上,深入了解各种职业的需求趋势以及关键成功因素,确定自己的事业发展目标,并选择实现这一事业目标的职业或岗位,编制相应的工作、教育和培训行动计划,制定基本措施,高效行动,灵活调整,有效提升职业发展所需的决策、执行和应变技能,使自己的事业顺利发展,并获取最大程度的成功。

个人职业生涯规划一般包括自我认知、目标设定、目标实现策略、反馈与修正四方面内容。

1. 自我认知

自我认知是指全面、深入、客观地分析和了解自己。一是要弄清自己为人处世所遵循的价值观念,明确自己为人处世的基本原则和追求的价值目标;二是要熟悉自己掌握的知识与技能;三是要剖析自己的人格特征、兴趣、性格等多方面的个人情况,以便了解自己的优势和不足。通过这三个层次的自我认知之后,形成对自己的客观、全面的认识和定位。

2. 目标设定

目标设定是在上述自我认知与定位的基础上,设立明确的职业目标,如“在40岁前成为某外资企业人力资源部主管”就是一个较为明确的目标设定。就整个个人职业生涯来说，目标设定可以是多层次、分阶段的。越来越多的人为了追求挑战，愿意在职业生涯中从事不止一种职业。当然，有时是环境迫使我们放弃原有的职业。一个多层次的目标设定可以使人更快地摆脱窘境，保持开放、灵活的心境。一个远大雄伟的目标必须分解成若干易于达到的阶段性目标。由于职业生涯会跨越个人的青年、中年乃至老年阶段，加之个人在各个时期的体能、精力、技能、经验及为人处世有明显差别，所以应有针对性地制定阶段性目标。

3. 目标实现策略

目标实现策略指通过各种积极的具体行动和措施去争取职业目标的实现。目标实现的内容不仅包括个人在工作中的表现及业绩，还包括超出实用工作之外的一些前瞻性的准备，如参加进修班学习，掌握一些额外的技能或专业知识（如进修第二外语，攻读 MBA、MPA 学位等）。此外，目标实现还包括为平衡职业目标和其他目标（如生活目标、家庭目标）而做出的种种努力。如果忽略了后两者的努力，要想长久保持工作中表现出色几乎是不可能的，职业目标的实现也会遇到许多牵扯精力的障碍。目标实现的策略很多，如撰写求职简历、参加面试应聘、商议工资待遇、制定和完成工作目标、参加公司举办的培训和发展计划、构建人际关系网、谋求晋升、参加业余时间的课程学习以及准确换工作等，都可以看成是目标实现的具体措施。

4. 反馈与修正

反馈与修正是指在实现职业生涯目标的过程中，根据实际情况自觉地总结经验和教训，修正对自我的认知和对最终职业目标的界定。对于职业目标的描述界定，在刚开始时，大多数人对此是模糊抽象的，有的甚至是错误的。只有在工作实践中，才能更清楚、更透彻地进行自我认知和定位，才能弄清自己喜爱并适合从事的职业。

在经过一段时间的工作之后，有意识地回顾自身的言行得失，可以检验自我定位是否准确，自己对职业目标的方向设定是否准确。研究表明，许多人都是在经过一段时间的尝试和寻找之后，才了解自己到底适合从事什么领域的工作，而这段时间在缺乏反馈和修正的情况下可能长达十几年。即使自我定位和目标设定正确，反馈和修正同样可以纠正分阶段目标中出现的偏差，还可以极大地增强实现目标的信心。

职业生涯规划强调的是个人该如何为自己作出适当的选择，重点在于探讨个人如何规划自己的未来发展。职业生涯规划的目的绝不仅仅是帮助个人按照自己的资历条件找到一份合适的工作，实现个人的目标，更重要的是帮助个人真正了解自己，为自己定下事业大计，进一步评估内、外环境的优势和限制,设计出合理可行的职业生涯发展方向。对自己的职业生涯进行规划,就是将自己的理想化为实用的人生,就是把对未来事业发展的预期转变为明确的行动步骤与方案。

(二)职业生涯规划的分类

1. 按照规划的对象进行分类

按照规划的对象,职业生涯规划分为个体的职业生涯规划和组织的职业生涯规划。在任何社会、任何体制下,个人职业设计更为重要,它是人的职业生涯发展的真正动力和加速器。其实质是追求最佳职业生涯发展道路的过程。

组织的职业生涯规划是由组织的人力资源管理部门根据组织发展需要而采取的一种现代管理方式,是用以了解员工、激励员工,从而发掘、留用优秀人才的方式,其根本目的是组织的发展与需要。

2. 按照规划的时间进行分类

职业生涯规划还可以按照时间的维度分为人生规划、长期规划、中期规划和短期规划 4 种类型。从字面上看,个人职业生涯规划从短期(1 ~ 2 年)到中期(2 ~ 5 年左右),再到长期(5 年以上至退休),直至整个人生规划,如同台阶一样需要一步步地往上走。

小贴士

人们在实际操作中发现,时间跨度太长的规划通常会由于环境和个人自身的变化难以把握,而时间跨度太短的规划意义又不大。人们常常把个人职业生涯规划的重点放在 2 ~ 5 年的中期规划,这样既便于根据实际情况设定可行目标,又便于随时根据实用的反馈进行修正或调整。

(三)职业生涯规划的要素

职业生涯规划具有明显的个性化特征,不同的人在做职业生涯规划时,所考虑的相关因素也有所不同,但有些因素是必须考虑的,那就是知己、知彼和抉择三大要素。

1. 知己

知己就是探索自己的内心世界,了解自己的特性,对自身条件有充分认识和全面了解,包括自己的兴趣、能力、价值观、个性等,以及父母的管教态度、学校与社会教育对自己产生的影响等。

2. 知彼

知彼就是探索外在的职业世界,了解工作舞台的特性,对想要从事职业的环境、相关的组织等信息进行有效的掌握，包括职业的特性、所需的能力、就业渠道、工作内容、工作发展前景、职业的薪资待遇等。

3. 抉择

抉择就是在知己知彼的基础上，确定符合自身实际，能充分发挥自身专长，自己有浓厚兴趣并且与环境相适应的职业目标，包括抉择技巧、抉择风格以及抉择可能面临的冲突、阻力和助力等。

一般来说，知己和知彼相互关联，确定的个人职业生涯目标要符合实际，而不是一厢情愿。对从事的职业要感兴趣，而不是被动地去干；对从事的工作要能发挥专长，充分利用个人的强项；对工作的环境要能适应，而不是感到处处困难，难以生存。这就说明科学的职业生涯规划，不但要做到知己、知彼，而且还要作出正确的抉择。因此，择己所长、择己所爱、择己所利、择世所需，就是正确抉择的黄金准则。

二、大学生职业生涯规划

（一）大学生职业生涯规划概述

1. 大学生职业生涯规划的内涵

大学生职业生涯规划是指在大学阶段，大学生通过自我评估和对环境因素的分析，并结合自身职业理想与对职业生涯的预期，在学校相关部门和专业人员的帮助下，规划大学期间及今后职业生涯的学习、工作及生活，为自己确定明确的职业发展方向和目标，选择恰当的职业发展道路，确定教育和发展计划，为实现职业生涯目标而制订计划和行动方案。大学生职业生涯规划的实施主体是大学生本人，高校应当在大学生实施职业生涯规划的过程中给予相应的职业辅导与条件保障。

具体来说，可以从以下几个方面来理解：一是大学生职业生涯规划的前提是大学生全面客观地认识自身条件和外在环境；二是大学生职业生涯规划的首要任务是确定个人的职业生涯发展目标；三是大学生职业生涯规划是一个连续系统的动态过程，包括自我评估和环境分析、确定理想职业目标、选择职业生涯路线、制订行动计划及反馈调整等；四是大学生职业生涯规划的实现是渐进的，必须制订符合实际的行动计划和措施；五是大学生职业生涯规划的最终目的是要实现最初制定的人生发展目标。

2. 大学生职业生涯规划的特点

大学生正处于职业的学习和准备阶段，他们的职业生涯规划有其自身的特点，具体表现在以下四个方面。

(1)前瞻性。

大学生即将面对的职业世界是非常广阔的,高校作为培养单位应着眼于大学生的未来发展需要。大学生制定职业生涯规划时应具有前瞻的眼光和敏锐的洞察力,必须知道摆在自己面前的职业生涯道路有各种可能性,必须知晓未来变化发展的职业世界,了解未来职业的发展趋势,及早明确自己的职业发展方向,制定择业的行动策略与方法。

(2)针对性。

每个大学生的成长环境、个性类型、价值观及能力爱好都不尽相同,应客观分析外界环境和自身条件,制订符合自身特点的有针对性的职业发展目标和行动计划。随着经济社会持续高速发展,新的职业类型、岗位层出不穷,这给大学生在职业发展方向选择上拓宽了道路,有利于大学生结合自身特点,有针对性地开展职业生涯规划。

(3)适时性。

大学生要根据大学各学年、各学期的实际情况,科学合理地做好职业生涯规划的安排与实施。规划就是预测未来的行动,确定将来的目标。因此,各项主要活动何时实施、何时完成,都必须有时间和时序上的妥善安排,并以此作为检查行动的依据。高校就业指导及心理咨询机构要对学生进行职业心理咨询,让学生了解自身的特点,扬长避短,找到适合自己的职业方向。

(4)可行性。

大学生制定职业生涯规划要切实可行,具有实用性、可能性和可操作性。要加强自我认知,充分考虑自身的条件和外在环境的约束,选择适合自己并且能够实现的职业目标,制订切合实际的职业发展计划。高校可以通过开展形式多样的活动加以启发和引导,组织大学生探讨如何确立职业目标,引导大学生为自己的职业生涯做好相应的准备。

(二)大学生职业生涯规划的意义

有的大学毕业生没有做好自己的职业生涯规划,就匆忙投简历与参加面试,总想撞到好运气找到好工作,结果浪费了大量的时间、精力与资金,到头来感叹招聘单位有眼无珠,叹息自己英雄无用武之地。这类大学毕业生没有充分认识到职业生涯规划的意义,认为就业是毕业后的事情,只要有关系、学识、耐心、口才等条件就能找到理想的工作;认为职业生涯规划纯属纸上谈兵,是耽误时间。这是一种错误的观念。实际上,职业生涯规划能协助个人明确其工作追求的目标路径,因此,应未雨绸缪,在大学阶段首先做好职业生涯规划。大学生有科学的职业生涯规划,人生就有明确的目标,学习才有动力,努力便有方向,再把求职活动付诸实践,这样的效果要好得多,也更科学、更经济。由此可见,大学生职业生涯规划具有重要意义。

明确的职业生涯规划在其中发挥了重要的作用,主要表现在以下几方面。

1. 有利于确定职业发展目标

大学生系统地进行职业生涯目标的探索与确立,可以使其认识到自身的个性特质、现有和潜在的资源,帮助其认识自身的优势和劣势并进行对比分析,指导其结合自身条件和社会条件综合考虑,引导其制定适合自身情况的职业发展目标,设计既符合个人实际又适合社会发展需要的职业生涯规划。面对社会的发展与残酷的竞争,那些毫无准备的大学生会感到茫然无措、惶恐不安,产生较大的心理压力,只有认真做好职业生涯规划,科学地确定自己的职业发展目标和方向,才能正确掌舵自己的人生,驶向成功的彼岸。

生涯案例

有规划的人生更精彩

小王和小李是一所职业技术学院铁道机车专业的同班同学,学习成绩相当,家庭背景相似。但是,四年后两人的发展轨迹却截然不同。

小王的故事:

大一时,小王就开始思考自己的职业发展方向。他通过职业测评发现自己对技术工作很感兴趣,动手能力强,于是制定了明确的职业规划:毕业后先到铁路工务段做检修工,积累 3 ~ 5 年实践经验,然后考取高级技师证书,争取在 30 岁前成为技术骨干。

基于这个规划,小王在大学期间主动参加各种技能竞赛,积极考取相关职业资格证书。毕业时,他凭借优秀的专业技能和丰富的实践经验,顺利进入了心仪的高铁工务段工作。三年后,小王成为部门的技术能手,不仅收入可观,还被选派参与许多项目建设。

小李的故事:

小李则认为“车到山前必有路”,从未认真思考过职业规划问题。大学四年,他除了应付考试外,把大部分时间都用在了打游戏和娱乐上。毕业时找工作四处碰壁,最后勉强找到一份与专业无关的销售工作。

工作后,小李发现自己既不喜欢销售工作,也缺乏相应的能力和经验,频繁跳槽。几年下来,他依然没有找到合适的发展方向,不仅收入微薄,而且对未来感到迷茫。

案例启示:

同样的起点,不同的规划,造就了不同的人生轨迹。小王因为有明确的职业规划，大学期间目标明确，努力方向清晰，最终实现了职业发展的良好开端；而小李缺乏规划，随波逐流，导致职业发展陷入困境。这充分说明了职业生涯规划对大学生发展的重要意义。

2. 有利于高效完成大学学业

制定职业生涯规划有助于大学生合理地安排日常学习和生活，评价各种学习、培训的轻重缓急。没有职业生涯规划，大学生就很容易被日常事务缠绕，无法实现人生目标。大学生人生目标的实现不仅包括学习中的表现及业绩，还包括学习之外的一些前瞻性准备，如参加业余培训班学习，掌握一些学习以外的技能或知识等。此外，大学生人生目标的实现还包括为平衡职业目标和其他生活目标而做出的各种努力。如果忽略了后两者，则在职业目标的实现过程中会遇到许多障碍，想要在今后的工作中长久保持出色的表现几乎是不可能的。

3. 有利于实现自我潜能开发

职业生涯是一个动态的、不断发展变化的过程，职业生涯规划是对人才与职业进行匹配的规划与再规划的过程。良好的职业生涯规划不仅有利于引导我们正确认识自身的个性特质、现有与潜在的资源优势，还能帮助我们重新对自己的价值进行定位并使其持续增值，使我们学会如何运用科学的方法采取可行的步骤与措施，不断增强职业竞争力，实现自己的职业目标与理想。

4. 有利于提升就业竞争力

职业生涯规划不仅可以使大学生的职业心理走向成熟，职业准备比较充分，就业心态比较实际，还能有效地促进大学生就业核心竞争力的提升。有些大学生由于对职业生涯规划的重要意义认识不足，不了解职业生涯规划的程序，不能根据社会的需要调整自己的职业发展目标，因而容易在职业竞争中处于劣势。大学生通过职业生涯规划可以在自我评估和职业评估的基础上作出职业选择，并且掌握制作简历、参加面试的方法与技巧。经过系统的学习和充分的就业准备，大学生的职业素质将得到较大的提升，有利于增强其在就业市场中的竞争力，为今后的职业发展奠定坚实的基础。

大学生就业基本趋于市场化，价格机制在就业市场的调节作用越来越大。大学生就业由过去的“卖方市场”转向“买方市场”。在社会需求总量增加不显著的一段时间内，毕业生不同层次间的挤占岗位现象将是一个较强的趋势；名牌大学与普通大学之间同层次、相同专业的毕业生，培养质量、个人综合素质的竞争将格外激烈。大学生待就业的人数逐年增加。面对我国高等教育由“精英教育”走向“大众教育”这种历史性的变化，每一个大学生都必须面对实际，积极应对。合理的职业生涯规划能帮助自己从复杂的竞争局势中脱颖而出。

（三）大学生职业生涯规划的途径

1. 立足实际，接受自我

高等教育的任务就是要培养具有社会责任感、创新精神和实践能力的高级专门人才。在人的一生中，能够进入大学学习是幸运之事，也是良好的机遇。大学生要想有所作为，实现自己的人生价值，就必须把握好大学阶段这一重要学习时段。职业规划可以帮助大学生立足实际，正确认识自我，勇于接受自我。

正确认识自我不易。大多数人认为认识自我是一件非常容易的事，但正确地认识自我其实是很困难的。人在认识人或事物的过程中，存在一定的视距。当认识者与对象之间的视距适度时，认识者能比较清晰地认识对象，了解认识对象的表象等基本状况，较为客观地描述和评价认识对象的特征、优缺点等内在品质。而个体在认识自我的时候，存在着既当裁判员又当运动员的情况，即自己既是认识者又是被认识的对象，此时的视距趋于零。因为视距过短，个体认识自我时较为模糊，所以很难看清自我。

接受自我需要勇气。人并非生下来就注定有辉煌的人生，每个人都有其个性和优缺点，成功与否的关键在于能否认识自我及如何对待自己。正确认识自我不易，但绝非不可能，这需要自己做出一定的努力，如正确看待人际交往中他人对自己的看法、将心比心地看待自己的言行、换位思考理解自己的实际作为、注意调整自己在成功与失败中的心态等。正确地认识自我，就要勇于接受自己的优点和缺点。人往往比较容易接受自己的优点，而要接受自身的缺点则需要相当的勇气。只有接受包括自己短处在内的全部的自我，才能真正地称为接受自我。接受自我是走向成功的前提和基础。

2. 积极思考，改变自我

大学生处在一个不断变化发展的过程中。进入大学后，每个人都会随着环境的变化面临着新的变化与挑战。大学生应站在人生发展的新起点，从较高的层次上对自我进行思考与分析。接受自我并非最终目的，而是为了更好地把握自我、实现自我，甚至超越自我。大学生是祖国和人民的宝贵财富，面对所处的学校、专业及人际环境时，应当努力培养自己的社会责任意识，拓展自我的社会思维方式，不断实现自我角色的转变。

进入大学以后，大学生的生活方式会受到高等教育制度及教学活动特点的制约。大学生应主动认识高等院校教学活动的特殊规律，逐步把握大学生生活的节奏，虚心学习、大胆实践，努力提高自觉性，增强自制力，协调学习与生活的关系，较快地适应大学的学习与生活环境。

大学是向社会输送专门人才的最后一站。中学生经过高考进入大学的同时，也迈出了人生发展中关键的一步，这就是职业选择的开始。高等院校依据社会对专门人才素质的需求，设置了多样性的专业，学生按照学以致用的原则进行学习，大多数毕业生在走向社会后将从事与所学专业相对应的职业。“凡事预则立，不预则废”，这也就意味着大学生在进入大学后必须进一步了解所学专业，规划好自己的职业生涯。

3. 规划自我，把握人生

职业生涯规划是个体对自己人生目标及发展道路的规划和设想，也是大学生实现人生价值的重要途径。为了实现人生价值，得到社会的认可，成为事业的成功者，大学生应逐步对个人将要从事的职业，预想中的工作单位、工作性质及职业发展前景进行全面的规划，确立明确的职业目标，并为实现目标而自觉地进行相关知识的储备、技术与能力的培养。

职业生涯规划是一个动态的过程。大学生要认真学习与思考，通过分析自我，正确地认识自我，客观地评估自己的能力，发现自己的兴趣，找出自己的特点，了解自身与目标间的差距。在此基础上，确定自我较为理想的职业生涯发展路线，准确设定职业生涯发展的目标，并制订具体的、可操作性强的行动计划，使自己在大学期间能够有的放矢，把握机遇，在各个时期均能得到恰当的发展。个人行动计划不断得以实现的过程，是增强自信心、开发潜能、提高成功可能性的过程，也是主动改变自我的过程。

（四）影响大学生职业生涯规划的因素

职业生涯规划既是个人发展的基础，又是个人发展的历程体现。在这个重要而漫长的过程中，每个大学生的职业生涯规划都会受到家庭、性格、价值观、性别、健康状况、社会环境、机遇等主观和客观因素的影响。

1. 个人条件的影响

大学生的个人条件在职业生涯规划中起着基础性作用，一定程度上决定着个人的发展方向和前景。个人条件主要包括健康、性别、心理等因素。

（1）健康因素。

健康的身体是个人完成职业生涯的首要条件。所有的职业都需要有健康的身体。拥有成功的职业生涯的人更加看重生命，关心健康。紧张忙碌的工作会导致压力的增加，因此，采取一些措施和技巧，保持适度的压力激励自己，但又不伤害身体，是非常重要的。

(2)性别因素。

一般认为,男性通常很难把时间充分分配到工作、家庭和休闲三个领域;而女性则通常在家务与工作需求的协调方面感到困扰。无论男性、还是女性,每个人都应充分发挥自己的性别特色,并成功扮演相应的角色,这与个人的职业生涯密切相关。

(3)心理因素。

大学生拥有健康的心理,能够保证包括职业选择在内的职业指导工作的顺利完成。人在职业发展中取得成功的同时,也可以满足心理的需要。大学生的自我能力及性格决定了其行为,而行为又与职业生涯直接关联,会对职业生涯产生深远的影响。

2. 职业发展因素的影响

影响大学生职业生涯规划的职业发展因素有很多,主要有职业理想、职业兴趣和职业能力三个方面。

(1)职业理想。

职业理想是职业生涯发展的前提,是个体依据社会要求和个人条件,借助想要确立的奋斗目标,即大学生渴望达到的职业境界。职业理想是人实现个人生活理想、道德理想和社会理想的手段,并受社会理想的制约。职业理想直接影响大学生今后对具体职业的选择,而且,其生活理想和社会理想也需要通过职业理想的实现来完成。

(2)职业兴趣。

职业兴趣是职业生涯发展的基础,它决定个体喜欢的职业范畴。职业理想是在客观上确定了个体要做什么,而职业兴趣是在主观上确定个体喜欢什么、不喜欢什么。职业兴趣是影响大学生择业的最主观的因素,也是判断某个职业是否适合大学生的关键因素,所以大学生在制定职业生涯规划时,一定要充分考虑自己的职业兴趣。

(3)职业能力。

职业能力是实现职业理想的保障,是个体做好一份工作的关键,影响个体的职业发展进程。职业能力是有具体的职业客观要求的,如果要做好某项工作,就必须具备从事该项工作最基本的职业能力。大学生在制定职业生涯规划时,要考虑在校期间如何提高自己的通用职业能力,形成自己特有的知识结构和才能,增强在职业选择时的核心竞争力。

3. 社会环境因素的影响

社会环境因素是影响大学生职业生涯规划的重要外在条件,它从宏观到微观、从整体到局部全方位地影响着个人的职业选择和发展轨迹。这些环境因素主要包括宏观的社会政治经济环境、中观的组织行业环境以及微观的家庭环境。不同层面的环境因素相互作用，共同构成了个人职业发展的外部条件和机遇约束。大学生在制定职业生涯规划时，必须充分认识和分析这些环境因素的影响，既要善于利用有利的环境条件，也要学会应对环境变化带来的挑战，才能制定出切实可行的职业发展规划。

(1)社会环境。

社会环境是指社会的政治经济形势，涉及职业发展的管理体制、社会文化与习俗、职业的社会评价等因素。社会经济的发展作为一种决定性力量，制约着社会就业的数量和质量；政策、法规等政治因素的变化，不仅对某个企事业单位的兴衰有很大影响，而且可能影响整个行业的兴衰；一个民族的传统文化必会影响人的价值观，而价值观又会直接影响人的职业方向选择。社会环境这一因素决定着职业岗位的数量和结构，决定着职业规划出现的随机性和波动性，决定着人对不同职业的选择倾向，甚至可以决定步入职业生涯后的职业调整及变更。大学生在职业生涯规划中，不仅要运用好现有的环境，注意发掘环境中的有利因素，还要善于创造良好的环境，考虑社会的需求，只有这样才能最终实现自己的职业目标。

(2)组织环境。

良好的组织环境可以促使工作顺利进行，并使人的才能得到全面发挥。组织环境对大学生职业生涯规划的影响，主要表现在以下几个方面：一是组织选人、用人的要求对大学生职业生涯规划的影响较大。他们会根据自己的能力和条件与这些组织要求的吻合度、自身的努力程度选择自己的职业方向。二是组织的发展态势对大学生职业方向的选择影响重大。如果组织或行业正处于朝阳时期，且人们对其前景普遍看好，那么这种职业方向规划无疑是吸引人的。

(3)家庭环境。

人的社会化，实际上从出生时就已经开始了。个体在幼年时期就会开始受到家庭潜移默化的影响，逐渐形成一定的价值观和行为模式。有的人还会长期受到家庭成员的影响，自觉或不自觉地习得某些职业知识和技能。在家庭环境下习得的价值观、行为模式、职业知识和技能，必然影响个体的职业理想和职业目标，影响其职业选择的方向和种类。同时，个体对职业岗位的态度、工作中的种种行为和表现等，也会对职业生涯产生较大影响。尽管大学生接受了高等教育，但是家庭的影响却具有长期性，因此，大学生在进行职业生涯规划时，要把握职业生涯的每一个阶段与家庭责任之间的平衡，寻求更好的职业发展方向。

模块小结

职业是人参与社会分工的方式,通过运用专业的知识和技能,为社会创造物质和精神财富,同时获得相应的报酬以满足物质生活需求,并实现精神上的满足。职业具有社会性、专业性、稳定性、经济性和发展性等特征。在现代人的生命历程中,职业生涯与生物发展线、家庭发展线共同构成了人生的三条重要发展线,占据了人大部分的社会活动时间,赋予时间更多意义,提供社会角色,满足多层次需求,并决定个人的生活方式。

职业生涯是一个发展的概念和动态的过程,是个人终身的职业经历。它不仅包括过去、现在和未来那些可观察到的连续职业发展过程,还包括个人对职业生涯发展的见解和期望。职业生涯具有独特性、发展性、阶段性、整合性和互动性,可分为内职业生涯和外职业生涯两种。内职业生涯是职业发展的根基,是外职业生涯的前提和基础。

职业生涯规划是指个人根据对自身主观因素和客观环境的分析与权衡,确立自己的最佳职业生涯发展目标,选择实现这一目标的职业,制订相应的学习、培训计划,并按照一定的时间安排,采取行之有效的行动实现职业生涯目标的过程。

大学生职业生涯规划是大学生通过自我评估和对环境因素的分析,在学校相关部门和人员的帮助下,为自己确定明确的职业方向和目标、制订实施计划和行动方案的过程。大学生职业生涯规划具有前瞻性、针对性、适时性和可行性的特点,对立足实际接受自我、积极思考改变自我、规划自我把握人生具有重要作用。影响大学生职业生涯规划的因素主要包括个人条件因素(健康、性别、心理)、职业发展因素(职业理想、职业兴趣、职业能力)和社会环境因素(社会环境、组织环境、家庭环境)。

课后训练

一、选择题

1. 职业的特征不包括(　　)。

A. 社会性　　B. 专业性　　C. 强制性　　D. 稳定性

2. 职业生涯可以分为(　　)。

A. 社会生涯和个人生涯　　B. 内职业生涯和外职业生涯

C. 长期生涯和短期生涯　　D. 职业生涯和家庭生涯

3. 职业生涯规划的四项主要内容是(　　)。

A. 自我认知、环境分析、目标设定、行动计划

B. 自我认知、目标设定、目标实现策略、反馈与修正

C. 知己、知彼、抉择、实施

D. 规划、组织、实施、控制

4. 下列哪项不属于影响大学生职业生涯规划的个人条件因素(　　)。

A. 健康因素　　B. 性别因素　　C. 家庭因素　　D. 心理因素

5. 下列关于大学生职业生涯规划特点的描述,错误的是(　　)。

A. 前瞻性　　B. 针对性　　C. 适时性　　D. 绝对性

二、判断题

1. 职业生涯规划就是规划在特定职业领域的发展路径,与个人的生活规划无关。(　　)

2. 内职业生涯的发展是外职业生涯发展的前提。(　　)

3. 职业生涯规划只需要做一次,一旦制定就不需要再修改。(　　)

4. 大学生应该在大四临近毕业时才开始考虑职业规划问题。(　　)

5. 在制定职业生涯规划时,“知己”比“知彼”更为重要。(　　)

三、思考题

1. 请分析职业对人生的意义,并结合自身情况,探讨职业在你生命中可能扮演的角色。

2. 对照内职业生涯与外职业生涯的关系,评估你目前的职业生涯发展状况,并思考如何平衡发展两者。

3. 以“树”为喻解释内职业生涯与外职业生涯的关系,结合你所学专业,分析你需要发展哪些“根系”(内职业生涯因素)才能使你的职业之树更加茁壮。

4. 分析影响你职业选择的主要因素,并根据“择己所爱,择己所长,择世所需,择己所利”的原则,思考你应如何进行大学阶段的职业生涯规划。

模块 2

职业生涯规划的基本理论

课前导入

理论指导下的职业规划之路

小陈是某铁道职业技术学院铁道供电技术专业的大二学生。刚入学时，他与大多数同学一样，对未来很迷茫："毕业后就找个铁路相关的工作，能养活自己就行。"但一次偶然的机会改变了他的想法。

去年暑假，小陈参加了学校组织的铁路企业参观活动。在高铁供电段，他遇到了毕业10年的学长张工程师。张工程师现在是供电段的技术主管，不仅收入丰厚，还经常参与重要项目的技术攻关。小陈好奇地问："学长，你是怎么发展得这么好的？"

张工程师笑了笑说："其实我刚毕业时也很迷茫，换了好几份工作都不理想。后来我开始系统学习职业生涯规划理论，用霍兰德职业兴趣理论分析了自己的兴趣类型，发现我属于研究型与现实型结合的类型，适合做技术工作。然后用舒伯的职业发展阶段理论规划了自己的发展路径：先做3年一线技术员积累经验，再用2年时间考取高级工程师资格，最后向技术管理岗位发展。正是这些理论给了我明确的方向和科学的方法。"

小陈听后很受启发，开始关注职业生涯规划理论。他发现，那些发展好的学长，大多都不是盲目发展，而是运用科学的理论指导自己的职业规划。而那些工作几年还在原地踏步的人，往往缺乏理论指导，凭感觉作决定。

现在小陈正在系统学习各种职业生涯规划理论，希望能像张工程师一样，用科学的理论指导自己的职业发展。

思考：

1. 张工程师的成功经验说明了什么？
2. 职业生涯规划理论对个人发展有哪些指导意义？
3. 你认为学习职业生涯规划理论有必要吗？为什么？

学习目标

知识目标

(1)理解帕森斯特质因素理论的基本内容、三要素模式及其在职业指导中的应用价值。

(2)掌握霍兰德职业兴趣理论的6种人格类型特征及其与职业环境的匹配关系。

(3)深入了解舒伯生涯发展理论的5个发展阶段、循环式发展任务及生涯彩虹图的内涵。

(4)认识职业生涯规划基本理论的发展脉络及其对现代职业指导的指导意义。

技能目标

(1)能够运用帕森斯特质因素理论进行自我分析和职业分析。

(2)能够使用霍兰德职业兴趣理论识别个人职业兴趣类型和匹配职业环境。

(3)能够运用舒伯生涯发展理论分析个人生涯发展阶段和角色平衡。

(4)能够综合运用多种理论进行职业生涯规划决策。

素质目标

(1)培养科学理性的职业选择观念和系统性的生涯发展思维。

(2)形成基于理论指导的职业规划方法论和批判性思维能力。

(3)树立动态发展的生涯观念和多元化的角色平衡意识。

(4)增强职业生涯自主规划的意识和终身发展的理念。

思维导图

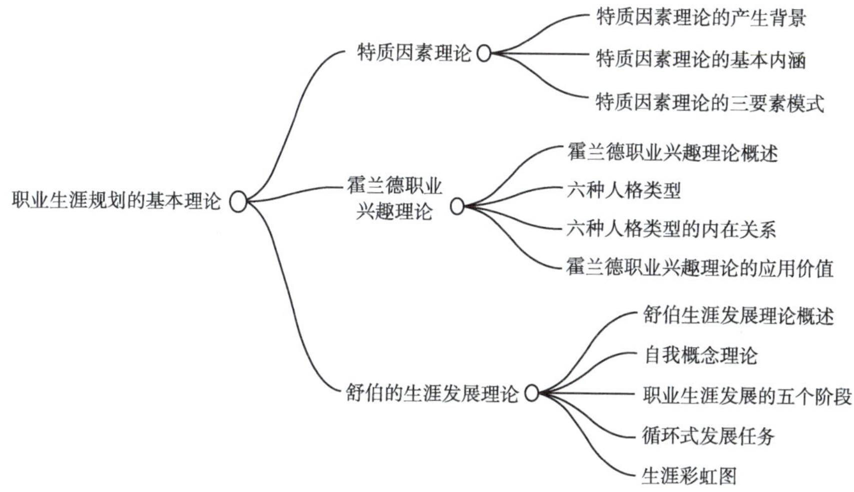

单元 1　特质因素理论

一、特质因素理论的产生背景

20 世纪初,随着工业革命的深入发展和社会分工的日益细化,人们开始意识到职业选择的重要性。1908 年,美国波士顿大学教授弗兰克·帕森斯(Frank Parsons)在波士顿创办了世界上第一个职业指导局,标志着现代职业指导的正式诞生。1909 年,帕森斯在其著作《选择职业》中首次系统地提出了"特质因素理论",这一理论被公认为最早的职业指导理论,为后来职业生涯理论的发展奠定了重要基础。

特质因素理论的提出具有重要的时代意义。当时的社会背景是工业化程度不断提高,职业种类日益增多,人们迫切需要科学的方法来进行职业选择。帕森斯敏锐地观察到,传统的凭经验、靠关系的职业选择方式已经无法适应现代社会的需要,必须建立科学的职业指导理论和方法。

二、特质因素理论的基本内涵

特质因素理论认为,每个人都具有稳定的特质,即个人的人格特征,包括一个人的价值取向、态度和行为表现等特有的思想和行为模式;而职业具有稳定的因素,即客观工作要求人必须具备的知识结构、能力等条件。所谓"特质",是指个人的人格特征,包括能力倾向、兴趣、价值观和人格等个性心理特征,这些特质都可以通过心理测量工具来加以科学评量。所谓"因素",则是指在工作上要取得成功所必须具备的条件或资格,这些因素可以通过对工作的系统分析而了解和掌握。

特质因素理论的核心观点是人与职业的匹配。该理论认为,一个人在选择职业的过程中,首先应当清楚认识个人的主客观条件,即对自我的全面认知,包括个人兴趣、能力、资源、局限及其他特征;清楚了解职业世界,包括各种职业岗位所需技能要求、工作环境、薪酬福利、发展前景等相关信息。在掌握上述两类信息的基础上,将主客观条件与各种可能的职业岗位相对照,最后选择一个与个人特质相匹配的职业。这就是帕森斯提出的著名的"职业指导三大要素"。

三、特质因素理论的三要素模式

帕森斯在职业指导实践中提出了职业选择的三要素模式,这一模式成为特质因素理论的核心内容,具体包括以下三个步骤。

第一步:了解自己。

了解自己(特质分析)这一步骤要求全面评价自己的生理和心理特点。通过心理测量及其他测评手段,系统获得有关自己的身体状况、能力倾向、兴趣爱好、气质与性格等方面的资料。具体的测评内容包括:成就测验,用以了解自己究竟学会了多少东西,又有哪些知识和技能对工作有价值;能力测验,测试自己的最佳状态,展现自己在多大程度上能胜任某项工作;人格测验,测试自己未来最适合担任哪类工作,可能实现多大的发展程度。

除了心理测量外,还需要对家庭背景、学业成绩、工作经历、价值观念等情况进行综合评价,形成对自己特质的全面认识。这一步骤的关键在于客观、准确地认识自我,既要看到自己的优势和长处,也要正视自己的不足和局限。

第二步:了解职业。

了解职业(因素分析)这一步骤要求系统分析各种职业对人的要求,并了解有关的职业信息。具体包括:职业的性质、工资待遇、工作条件以及晋升的可能性;职业要求的最低条件,诸如学历要求、所需的专业训练、身体要求、年龄、各种能力以及其他心理特点的要求;为准备就业而设置的教育课程计划,以及提供这种训练的教育机构、学习年限、入学资格和费用等;就业机会和市场前景等相关信息。

职业信息的收集和分析是职业选择的重要基础。只有全面了解职业的要求和特点,才能作出科学合理的职业选择。这一步骤要求我们不仅要了解职业的表面特征,更要深入了解职业的内在要求和发展趋势。

第三步:人职匹配。

人职匹配(综合决策)是特质因素理论的核心步骤,即整合个人和工作领域的信息,实现最佳匹配。职业指导人员在了解求职者的特性和职业各项指标的基础上,帮助求职者进行比较分析,选择一种既适合其个人特点又有可能获得并能在职业上取得成功的职业。

人职匹配可以分为两种类型:一种是因素匹配(工作找人),如需要有专门技术和专业知识的职业与掌握该种技能和专业知识的择业者相匹配;另一种是特性匹配(人找工作),如具有敏感、易动感情、个性强、理想主义等人格特性的人,宜从事审美性、自我情感表达的艺术创作类的职业。

小贴士

运用特质因素理论进行职业选择时,需要注意以下几点:一是要全面客观地认识自己,既要看到优点也要正视缺点;二是要广泛收集职业信息,了解职业的真实要求和发展趋势;三是要进行动态的匹配分析,考虑个人和职业的发展变化;四是要将测量结果与实践体验相结合,避免过分依赖测试工具;五是要考虑情感因素和价值追求,实现理性与感性的平衡。

单元 2　霍兰德职业兴趣理论

一、霍兰德职业兴趣理论概述

约翰·霍兰德(John Holland)是美国约翰·霍普金斯大学心理学教授,美国著名的职业指导专家。他于1959年提出了具有广泛社会影响的职业兴趣理论。霍兰德认为,人的人格类型、兴趣与职业密切相关,兴趣是人活动的巨大动力,凡是具有职业兴趣的职业,都可以提高人的积极性,促使人积极地、愉快地从事该职业,且职业兴趣与人格之间存在较高的相关性。

霍兰德职业兴趣理论的产生有其深厚的学术基础。在该理论提出之前,关于职业兴趣测试和个体分析往往是孤立进行的,霍兰德将二者有机结合起来,形成了系统的理论体系。该理论建立在这样的假设基础上:每个人都有一系列独特的特性,并且可以客观而有效地进行测量;为了取得成功,不同职业需要配备不同特性的人员;选择一种职业是一个相当易行的过程,而且人职匹配是可能的;个人特性与工作要求之间配合得越紧密,职业成功的可能性就越大。

二、六种人格类型

霍兰德将人格分为现实型、研究型、艺术型、社会型、企业型和常规型六种类型。每种类型都有其独有的特征和适合的职业环境。

(一)现实型

现实型(R型)的人愿意使用工具从事操作性的工作,动手能力强,做事手脚灵活,动作协调。他们偏好于具体任务,不善言辞,做事保守,较为谦虚。但缺乏社交能力,通常喜欢独立做事,喜欢在户外工作,善于与机械和工具打交道。

现实型的人适合从事的典型职业包括:技术性职业,如计算机硬件人员、摄影师、制图员、机械装配工等;技能性职业,如木匠、厨师、技工、修理工、农民、一般劳动等。这类职业要求从业者使用工具、机器,需要基本操作技能,与物件、机器、工具、运动器材、植物、动物相关。

(二)研究型

研究型(I型)的人是思想家而非实干家,抽象思维能力强,求知欲强,肯动脑，善思考，不愿动手。他们喜欢独立的和富有创造性的工作，知识渊博，有学识才能，但不善于领导他人。考虑问题理性，做事喜欢精确，喜欢逻辑分析和推理，不断探讨未知的领域。

研究型的人适合从事的典型职业包括科研人员、教师、工程师、电脑编程人员、医生、系统分析员等。这些工作要求从业者具备智力或分析才能，并将其用于观察、估测、衡量，形成理论，最终解决问题。

（三）艺术型

艺术型（A 型）的人有创造力，乐于创造新颖、与众不同的成果，渴望表现自己的个性，实现自身的价值。他们做事理想化，追求完美，具有一定的艺术才能和个性，善于表达，怀旧，心态较为复杂，情感丰富。

艺术型的人适合从事的典型职业包括演员、导演、设计师、雕刻家、建筑师、摄影家、广告制作人，歌唱家、作曲家、乐队指挥，小说家、诗人、剧作家等。这些工作要求从业者具备艺术修养、创造力、表达能力和直觉。

（四）社会型

社会型（S 型）的人喜欢与人交往，不断结交新的朋友，善言谈，愿意教导他人。他们关心社会问题，渴望发挥自己的社会作用，会主动寻求广泛的人际关系，比较看重社会义务和社会道德，热情友善，善解人意。

社会型的人适合从事的典型职业包括：教育工作者，如教师、教育行政人员；社会工作者，如咨询人员、公关人员、社会工作者等。这些工作要求与人打交道，能够不断结交新的朋友，从事提供信息、启迪、帮助、培训、开发或治疗等事务。

（五）企业型

企业型（E 型）的人追求权力、权威和物质财富，具有领导才能。他们喜欢竞争，敢冒风险，有野心、抱负。为人务实，习惯以利益得失、权力、地位、金钱等来衡量做事的价值，做事有较强的目的性，善于影响他人。

企业型的人适合从事的典型职业包括项目经理、销售人员、营销管理人员、政府官员、企业领导、法官、律师等。这些工作要求从业者具备经营、管理、劝服、监督和领导才能，以实现机构、政治/社会及经济目标工作，并具备相应的能力。

（六）常规型

常规型（C 型）的人尊重权威和规章制度，喜欢按计划办事，细心、有条理，习惯接受他人的指挥和领导，自己不谋求领导职务。他们喜欢关注实际和细节情况，通常较为谨慎和保守，缺乏创造性，不喜欢冒险和竞争，富有自我牺牲精神。

常规型的人适合从事的典型职业包括秘书、办公室人员、记事员、会计、行政助理、图书馆管理员、出纳员、打字员、投资分析员等。这些工作要求从业者注意细节、精确度，有系统、有条理，具有记录、归档、据特定要求或程序组织数据和文字信息的能力。

三、六种人格类型的内在关系

霍兰德所划分的六种人格类型并非并列的、有明晰边界的，而是相互关联的。他以六边形标示出六种人格类型的关系，每一种人格类型与其他人格类型之间存在不同程度的关系。

（一）相邻关系

在六边形上相邻的两种人格类型，如现实型与研究型（RI）、研究型与艺术型（IA）等，属于这种关系的两种类型的个体之间共同点较多。例如，现实型与研究型的人都不太偏好人际交往，这两种职业环境中也都较少有机会与人接触。

（二）相隔关系

在六边形上相隔一个位置的两种人格类型，如现实型与艺术型（RA）、研究型与社会型（IS）等，属于这种关系的两种类型个体之间共同点较相邻关系少。

（三）相对关系

在六边形上处于对角位置的人格类型之间为相对关系，如现实型与社会型（RS）、研究型与企业型（IE）、艺术型与常规型（AC）等。相对关系的人格类型共同点最少，因此，一个人同时对处于相对关系的两种职业环境都兴趣很浓的情况较为少见。

人们通常倾向选择与自我兴趣类型匹配的职业环境，如具有现实型兴趣的人希望在现实型的职业环境中工作，可以很好地发挥个人的潜能。但在实际的职业选择中，个体并非一定要选择与自己兴趣完全对应的职业环境，因为个体本身是多种兴趣类型的综合体，单一类型显著突出的情况并不多。

■ 生涯案例

刘洋的兴趣类型探索

刘洋是某铁道职业技术学院高速铁路客运乘务专业的大二学生，在进行职业生涯规划时对自己的发展方向感到困惑。通过霍兰德职业兴趣测试,她发现自己的兴趣代码是SAE(社会型—艺术型—企业型)。

刘洋仔细分析了自己的特点:她特别喜欢与人交流,经常主动帮助同学解决学习和生活问题,在专业实训中表现出很强的服务意识(社会型特征)。同时,她富有创意,喜欢设计海报和策划活动,经常为班级文艺晚会出谋划策(艺术型特征)。此外,她还具有较强的组织协调能力,担任班长期间成功组织了多次集体活动(企业型特征)。

基于这一分析,刘洋考虑了几个铁路行业的职业方向:高铁乘务员发展为乘务长,既能发挥她的社会型特质为旅客提供优质服务,又能运用企业型特质进行团队管理;铁路客运段的培训师,可以结合她的社会型、艺术型特质,设计生动有趣的培训课程;铁路局宣传部门的策划专员,能够发挥她的艺术创意和组织协调能力,负责铁路文化宣传工作。

经过铁路客运段实习体验和深入了解各岗位要求,刘洋最终选择了以高铁乘务员为起点,向乘务员培训师方向发展的职业路径。这样既能满足她服务他人的愿望,又能发挥她的创意才能和管理组织能力,在铁路行业中实现个人价值。

四、霍兰德职业兴趣理论的应用价值

(一)对个人职业选择的指导意义

霍兰德职业兴趣理论为个人职业选择提供了科学的方法和工具。职业兴趣作为一种特殊的心理特点,反映了职业的多样性和复杂性。通过职业兴趣测验,个体可以明确自己的主观倾向,从而能得到最适宜的活动情境并给予最大的能力投入。当个体所从事的职业和他的职业兴趣类型匹配时,个体的潜能可以得到最充分的发挥,工作业绩也更加显著。

对于大学生和缺乏职业经验的人来说,霍兰德职业兴趣理论可以帮助他们做好职业选择和职业设计,成功地进行职业调整,从整体上认识和发展自己的职业能力。职业兴趣是职业成功的重要因素,兴趣是一种强大的精神力量,能够激发个人的工作热情和创造潜能。

(二)对组织人才招聘的价值

现代人力资源管理的基本原则是将合适的人放在合适的岗位上。人与职位的匹配应该包括两个方面的内容:一是人的知识、能力、技能与岗位要求相匹配,二是人的性格、兴趣与岗位特性相适应。

企业在招聘新员工时,可以运用霍兰德职业兴趣理论对求职者进行职业兴趣测评，了解求职者的职业兴趣人格类型。通过测试，企业可以了解其所能提供的职业环境是否与求职者的职业兴趣类型相匹配，从而判断求职者是否适合在本企业的职业环境中工作。这样不仅可以招募到适合本企业的人才，还可以减少招聘工作中的盲目性，提高人才选拔的效率和准确性。

单元3　舒伯的生涯发展理论

一、舒伯生涯发展理论概述

唐纳德·舒伯（Donald Super）是美国著名的职业心理学家，被誉为"职业生涯发展理论之父"。他的职业生涯发展理论建立在一种生涯整合观念之上，强调主客观因素的相互作用。舒伯把职业生涯的发展视为一个循序渐进的过程，伴随人的一生。与帕森斯的特质因素理论不同，舒伯更加关注职业发展的动态过程和个人在不同生命阶段的发展任务。

舒伯的职业生涯发展理论融合了差异心理学、发展心理学、职业社会学及人格发展理论的精华，通过长期的实证研究，系统地提出了有关职业生涯发展的观点。该理论的核心观念是"自我概念"，认为职业生涯发展是个人实现自我概念的过程，工作与生活满意与否，在于个人能否在工作和生活中找到展现自我的机会。

二、自我概念理论

（一）自我概念的内涵

"自我概念"是舒伯职业生涯发展理论中的核心观念。自我概念是指个人对自己的兴趣、能力、价值观及人格特征等方面的认识，它是对自己的认识和评价，包括对自己生理和心理方面的全面认知。自我概念不是静态的，而是在个人成长过程中不断发展和完善的动态概念。

一个人的自我概念在青春期以前就开始形成，至青春期较为明确，并于成人期由自我概念转化为职业生涯概念。自我概念的形成受到多种因素的影响，包括个人的成长经历、教育背景、社会环境、人际关系等。个人在与环境的互动过程中，逐渐形成了对自己的认识和评价，这种认识和评价又反过来影响个人的行为选择和职业决策。

（二）自我概念与职业发展的关系

舒伯认为，职业生涯发展本质上是个人自我概念的发展和实现过程。

个人在职业选择和职业发展过程中，总是试图选择那些能够表达和实现自我概念的职业和工作环境。

工作和生活满意与否，关键在于个人能否在工作和生活中找到展现自我的机会，能否通过工作来实现自己的价值、发挥自己的能力、满足自己的兴趣。当个人的工作与其自我概念相匹配时，个人会感到满足和成就感；反之，如果工作与自我概念相冲突，个人就会感到不满和挫败感。

三、职业生涯发展的五个阶段

舒伯根据“生涯发展形态研究”的结果，将职业生涯发展划分为成长、探索、建立、维持和衰退五个阶段。每个阶段都有其特定的发展任务和特征，个人需要在不同阶段完成相应的发展任务，为下一阶段的发展奠定基础。

（一）成长阶段

成长阶段（0～14 岁）属于认知阶段，是个人职业意识萌芽和初步发展的时期。在这个阶段，人经历了对职业从好奇、幻想到兴趣，再到有意识培养职业能力的逐步成长过程。个人通过对家庭成员、朋友、教师的认同以及与他们之间的相互作用，逐渐建立起自我概念的雏形。

这一阶段的发展任务是，个人需要通过学校学习、社会活动来认识自我，发展自我形象和培养对工作的正确态度，并了解工作的意义，初步建立起良好的人生态度和工作态度。儿童开始辨认他们周围的事物，并逐渐意识到自己的兴趣所在，关注和职业相关的一些最基本技能。

舒伯将成长阶段具体分为三个时期：幻想期（10 岁之前），儿童从外界感知到许多职业，对于自己觉得好玩和喜爱的职业充满幻想并进行模仿。兴趣期（11～12 岁），以兴趣为中心，理解、评价职业，开始进行职业选择。能力期（13～14 岁），开始考虑自身条件与喜爱的职业相符与否，有意识地进行能力培养。

（二）探索阶段

探索阶段（15～24 岁）属于学习打基础的阶段，是职业认同形成的关键时期。青少年开始通过独自尝试一些自己感兴趣的职业活动，对自我能力及角色、职业进行深入探究。在这一阶段，职业倾向趋向于某些特定的领域，并为之进行相应的准备或实践。

个人在这一阶段需要深化对职业和工作的认识，总结学习成果和实践经验，形成自己的职业偏向，并开始初步实施。这是一个不断试错和调整的过程，个人通过各种尝试来验证自己的职业想法和自我认知。

探索阶段可分为三个时期：试验期（15～17岁），综合认识和考虑自己的兴趣、能力与职业社会价值、就业机会，开始进行择业尝试。过渡期（18～21岁），进入劳动力市场，或者进行专门的职业培训。尝试期（22～24岁），选定工作领域，开始从事某种职业。

（三）建立阶段

建立阶段（25～44岁）是大多数人工作生命周期中的核心部分，属于选择、安置阶段。在这一阶段，个人开始尝试选择适合自己的职业领域，在不断的挑战中稳定工作，并学会在家庭与事业之间合理平衡。这个阶段的发展任务是，个人致力于工作上的调整、稳固并力求上进，大部分人处于最具创造力的时期。

在这一阶段，个人通常能够找到合适的职业并全力以赴地投入，有助于自己在此职业中取得永久发展的各种活动之中。同时，个人也在不断地尝试与自己最初职业选择相关的各种能力和理想的发挥。

建立阶段具体分为两个时期：选择期（25～30岁），为改善工作职位或状态而不断进行调整，以求早日立业，对最初就业选定的职业可能进行再选择或调整；稳定期（31～44岁），最终确定职业方向，开始致力于稳定工作，制订较为明确的职业计划确定自己晋升的潜力和发展目标。

需要注意的是，在三四十岁的某个时间段，有的人可能会进入一个职业中期危机阶段。在这个时期，有的人往往会根据自己最初的理想和目标对自己的职业进步情况作一次重要的重新评价，思考工作和职业在自己的全部生活中到底有多重要。

（四）维持阶段

维持阶段（45～64岁）是职业生涯的成熟期，个人已经找到适合的领域，通过不断努力获得职业生涯的发展和成就，并逐渐在自己的领域中占有一席之地。这一阶段发展的任务是维持既有成就与地位，在自己的专业领域中发挥专长，承担更多的责任。

在这一阶段时间内，劳动者一般会达到常言所说的“功成名就”的情景，已不再考虑变换职业，而是力求维持已取得的成就和社会地位。许多人在这个阶段会成为年轻人的导师，承担起培养下一代的责任。

（五）退出阶段

退出阶段（65岁以上）属于退休阶段，由于生理、心理机能和工作能力日益衰退，个人职业角色的分量逐渐减少，重心逐步由工作向家庭和休闲转移。个人开始安排退休或开始退休生活，发展新的角色，从精神上寻求新的满足点，以替代工作满足需求。

当个人退休临近的时候，需要面临职业生涯中的下降阶段。在这一阶段，许多人需要接受权力和责任减少的现实，学会接受一种新角色，学会成为年轻人的良师益友。退休后，个人面临的选择就是如何去打发原来用在工作上的时间，开始新的生活方式。

生涯案例

王教授的生涯发展历程

王教授是一位大学教授，他的职业生涯发展历程很好地体现了舒伯的五阶段理论。

在成长阶段，王教授对各种职业充满好奇，特别喜欢模仿老师上课的样子，经常给同伴“讲课”，表现出对教师职业的兴趣。

在探索阶段，王教授在大学期间积极参加各种学术活动，担任学习委员，发现自己在学术研究和教学方面有天赋和兴趣，逐渐明确了走学术道路的想法。

在建立阶段早期，王教授选择了继续深造，攻读硕士和博士学位，并在毕业后进入了高校工作。在最初几年里，他不断调整自己的研究方向和教学方法，随后逐渐在学术界站稳脚跟。

在维持阶段，王教授已经成为所在领域的知名专家，主持多项重要研究项目，培养了众多优秀学生，在学术界享有较高声誉。

目前，王教授正在为即将到来的退出阶段做准备，他开始更多地关注培养年轻学者，整理自己的学术成果，为退休后的生活做规划。

四、循环式发展任务

舒伯提出，在个人一生的职业发展过程中，职业发展的五个阶段是一个循环再循环的过程。职业发展的五个阶段并不完全和年龄相关，而且各阶段之间并不存在严格的界限，可能有交叉。在人生中的不同时期，都可以经历由这五个阶段构成的一个“小循环”。

每当个人面临新的职业情境或重大的职业转换时，都会重新经历“成长—探索—建立—维持—衰退”的循环过程。例如，一名大学一年级的新生，必须适应新的角色与学习环境，经过“成长”“探索”，一旦“建立”了较固定的适应模式，同时“维持”了大学学习生活之后，又要开始面对另一个阶段——准备求职。原有的已经适应了的习惯会逐渐衰退，继而对新阶段的任务又要进行新一轮的成长—探索—建立—维持—衰退，如此周而复始。

这种循环式发展任务的观点强调了职业发展的动态性和连续性，说明个人的职业发展不是一成不变的直线过程，而是螺旋式上升的动态过程。这一观点对于理解现代社会中频繁的职业转换和终身学习具有重要意义。

五、生涯彩虹图

1976—1979 年，舒伯在英国进行了为期四年的跨文化研究之后，提出了一个更为广阔的新观念——生活广度、生活空间的生涯发展观。这个生涯发展观除了原有的发展阶段理论之外，舒伯加入了角色理论，并将生涯发展阶段与角色彼此间交互影响的状况，描绘出一个多重角色生涯发展的综合图形，命名为“生涯彩虹图”（图 2-1）。

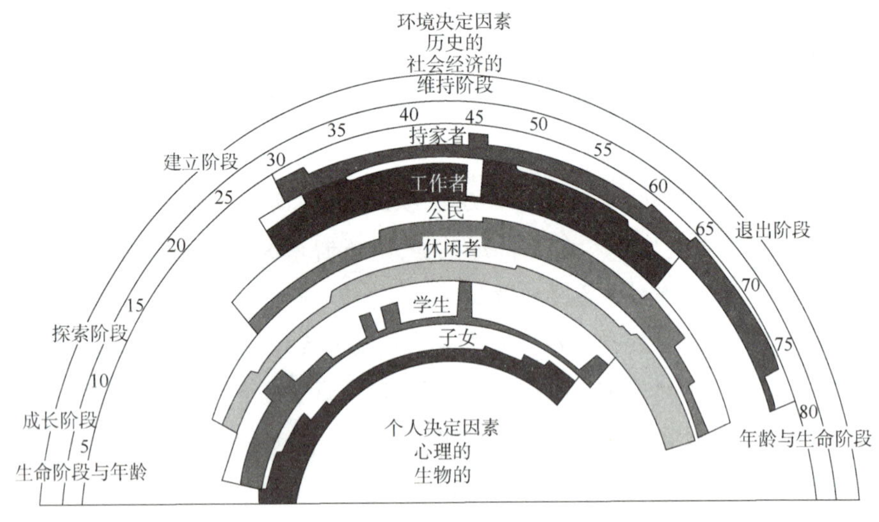

图 2-1 生涯彩虹图

（一）生涯彩虹图的构成

生涯彩虹图由生活广度和生活空间两个维度构成。横向层面代表的是横跨一生的生活广度，彩虹的外层显示人生主要的发展阶段：成长阶段、探索阶段、建立阶段、维持阶段及退出阶段，以及大致估算的年龄。纵向层面代表的是纵贯上下的生活空间，由一组职位和角色组成。

在生涯彩虹图中，纵向层面代表的是纵观上下的生活空间，由职位和角色所组成，主要包括子女、学生、休闲者、公民、工作者、持家者六个不同的角色，他们交互影响交织出个人独特的生涯类型。舒伯认为在个人发展历程中，随年龄的增长而扮演不同的角色。图的外圈为主要发展阶段，内圈阴暗部分的范围，长短不一，表示在该年龄阶段各种角色的分量；在同一年龄阶段可能同时扮演数种角色,因此彼此会有所重叠,但其所占比例分量则有所不同。

(二)生涯彩虹图的意义

生涯彩虹图为我们提供了一个全面理解个人生涯发展的框架。它强调了职业生涯不是孤立的,而是与个人生活的各个方面密切相关的整体。个人在不同的生命阶段需要平衡各种角色的要求,作出相应的调整和选择。

这一理论对于个人生涯发展的指导意义在于,告诉人们在不同的年龄段承担什么角色,大致要做什么,以及要完成什么样的目标和任务。同时,它也提醒人要统筹考虑各种角色的需求,实现工作与生活的平衡。

小贴士

运用舒伯生涯发展理论进行职业规划时,需要注意以下几点:一是要认识到职业发展是一个长期的动态过程,需要根据不同阶段的特点制定相应的发展策略;二是要重视自我概念的发展和实现,选择能够体现自我价值的职业方向;三是要做好角色平衡,统筹考虑工作、家庭、学习等各种角色的需求;四是要具备循环发展的观念,在面临职业转换时能够重新经历发展过程;五是要制定阶段性的发展目标,确保每个阶段都能为下一阶段奠定良好基础。

模块小结

本模块系统介绍了职业生涯规划的三个基本理论,每个理论都从不同角度为职业选择和生涯发展提供了科学指导。

帕森斯的特质因素理论作为最早的职业指导理论,提出了“知己知彼、人职匹配”的基本思想,其三要素模式(了解自己、了解职业、人职匹配)为职业选择提供了清晰的操作流程。该理论强调个人特质与职业要求要相匹配,注重心理测量工具的应用,具有较强的可操作性,奠定了现代职业指导的理论基础。

霍兰德职业兴趣理论从兴趣和人格类型的角度探讨职业选择问题,将人格分为现实型、研究型、艺术型、社会型、企业型和常规型六种类型,并分析了各人格类型之间的关系。该理论强调兴趣在职业选择中的重要作用,为个人职业选择和组织人才招聘提供了科学的方法和工具。

舒伯的生涯发展理论将职业发展视为一个终身的动态过程,提出了自我概念理论和五阶段发展模式,强调职业发展是个人实现自我概念的过程。生涯彩虹图的提出进一步丰富了理论内涵,体现了职业生涯与人生各个方面的整体性和关联性。

这三个理论各有特色,相互补充,共同构成了职业生涯规划的理论基础。特质因素理论注重静态匹配,霍兰德职业兴趣理论关注兴趣导向,舒伯生涯发展理论强调动态发展。在实际应用中,我们应该综合运用这些理论,根据具体情况选择合适的理论框架和方法工具,为科学的职业生涯规划提供理论支撑。

课后训练

一、选择题

1. 帕森斯的特质因素理论的三要素模式不包括(　　)。

A. 了解自己　B. 了解职业　C. 了解社会　D. 人职匹配

2. 在霍兰德六种人格类型中,喜欢与人交往、善言谈、关心社会问题的是(　　)。

A. 现实型　B. 社会型　C. 企业型　D. 艺术型

3. 舒伯生涯发展理论的核心概念是(　　)。

A. 人格特质　B. 职业兴趣　C. 自我概念　D. 职业能力

4. 根据舒伯的生涯发展理论,大学生主要处于哪个职业发展阶段(　　)。

A. 成长阶段　B. 探索阶段　C. 建立阶段　D. 维持阶段

5. 霍兰德职业兴趣理论中,与现实型相对的人格类型是(　　)。

A. 艺术型　B. 社会型　C. 企业型　D. 研究型

二、判断题

1. 特质因素理论认为个人特质和职业要求都是固定不变的。(　　)

2. 霍兰德职业兴趣理论中,一个人只能属于一种人格类型。(　　)

3. 舒伯认为职业生涯发展是个人实现自我概念的过程。(　　)

4. 生涯彩虹图只考虑了职业角色,忽略了其他生活角色。(　　)

5. 循环式发展任务意味着个人在职业转换时会重新经历五个发展阶段。(　　)

三、思考题

1. 结合课前导入案例,运用特质因素理论的三要素模式,为小陈的职业选择提供建议。

2. 请分析自己的霍兰德人格类型特征,并探讨与之匹配的职业方向。

3. 根据舒伯的生涯发展理论，分析大学生在探索阶段应该完成哪些发展任务，以及如何为建立阶段做好准备。

4. 绘制你的生涯彩虹图，分析在不同人生阶段各种角色的重要性变化，并思考如何实现角色平衡。

5. 比较分析三个理论的优缺点，并探讨如何综合运用这些理论进行个人职业生涯规划。

模块3

职业生涯规划的个体因素

课前导入

三个人的职业选择故事

有三个年轻人小张、小李、小王，都是大学毕业生，专业相同，学习成绩也相差无几。毕业时，他们面临着同样的职业选择机会。

小张，从小就对数字敏感，喜欢计算和分析，性格严谨细致，做事有条不紊。他选择了会计师事务所的工作，每天与数字打交道，制作财务报表，进行审计分析。虽然工作繁重，但他乐在其中，很快就在专业领域崭露头角。

小李，性格外向活泼，善于交际，口才出众，喜欢与人沟通交流。他选择了销售工作，负责市场开拓和客户维护。凭借出色的沟通能力和超强的亲和力，他很快打开了市场，业绩斐然。

小王，富有创意和想象力，喜欢新鲜事物，追求自由和变化。他选择了广告策划工作，负责创意设计和品牌推广。他的创新思维和艺术天赋让他在广告界如鱼得水，设计的作品屡获大奖。

思考：

为什么三个条件相似的年轻人在不同的职业道路上都取得了成功？这给了我们什么启示？

学习目标

知识目标

(1)理解能力的概念、分类及其与职业选择的关系。

(2)掌握多元智能理论的基本内容和应用。

(3)深入了解气质、性格与人格的区别和联系。

(4)认识大五人格理论和MBTI性格理论的基本内容。

(5)理解兴趣和职业兴趣的概念及其影响因素。

技能目标

(1)能够科学分析和评估自身的能力特点和优势领域。

(2)能够运用性格测评工具进行自我认知。

(3)能够识别和分析自己的职业兴趣类型和特点。

(4)能够将个体因素与职业要求进行匹配分析。

(5)能够基于个体因素制定职业发展策略并付诸实践。

素质目标

(1)形成正确认识自我、悦纳自我的健康心态。

(2)树立扬长避短、持续发展的成长观念。

(3)培养科学理性的职业规划思维方式。

(4)增强自我探索和职业适应的主动性。

(5)建立人职匹配、和谐发展的职业价值观。

思维导图

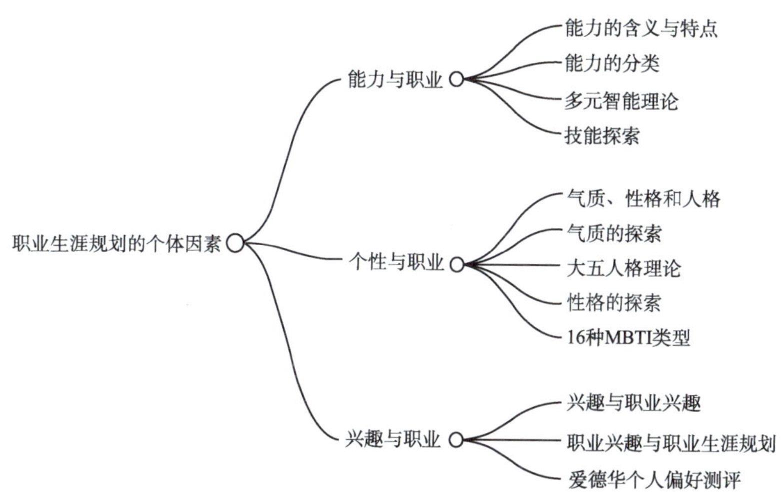

单元1 能力与职业

一、能力的含义与特点

(一)能力的基本概念

能力是顺利实现某种活动的心理条件,是指才干、技能或能胜任某项工作的主观条件,个人成功地完成某种活动所必须具备的个性心理特征,是个人在社会实践中所表现出的身心力量。一个人能力的高低会影响他掌握各种活动的成绩,影响其活动效果。

能力是与活动紧密相连的,离开了具体活动,能力就无法形成和表现。能力是顺利完成某种活动直接有效的心理特征,而不是顺利完成某种活动的全部心理条件。能力的产生和发展与社会生活分不开。能力是在先天素质的基础上,在生活条件和教育的影响、熏陶下,在个体的生活实践中形成和发展起来的,对从事任何职业都是十分必要的。能力包括一般能力和特殊能力,不同的职业会要求岗位人员具有不同的能力。

(二)能力与职业的关系

能力与职业的关系十分重要,是择业的重要依据,是求职者开启职业大门的钥匙。我国近代职业教育的倡导者黄炎培先生说:“一个人职业和才能相当不相当,相差很大,用经济眼光来看:要是相当,不晓得增加多少效能;要是不相当,不晓得埋没了多少人才。就个人来说,相当,不晓得有多少快乐,不相当,不晓得有多少埋怨。”因此,大学生对自己的能力要有一个自我评价,在择业时,应根据自己的能力,扬长避短,选准与自己职业能力倾向相同的职业,在强手如林的竞争中立于不败之地。

人的职业能力通常可分为语言能力、数理能力、空间判断能力、察觉细节能力、书写能力、运动协调能力、动手能力、社会交往能力、组织管理能力等。例如,教师、播音员、记者等职业要求有较强的语言能力;统计、测量、会计等职业要求有较强的数理能力;画家、建筑师、医生等职业对形态知觉能力要求颇高;手指灵活能力较强的人则适合从事外科医生、乐师、雕刻家等职业。

能力存在着性别差异,女性在哲学界、经济学界、自然科学界所占比例较小,而在文学、新闻、医学、教育、艺术等领域所占比例较大,也就是说,需要形象思维和细致情感的工作更适合女性。

由此可见,能力是一个人完成任务的前提条件,是影响工作效果的基本因素。因此,了解自己的能力倾向及不同职业的能力要求对合理地进行职业选择具有重要意义。

二、能力的分类

能力的英文有三种写法,并有不同解释:一是 Competency,指能力素质,指在任务或情景中表现的一组行为。二是 Ability、Capacity,指能力的大小。Ability 是指技能,Capacity 是指潜在的能力。三是 Skill,指做事情的技巧。所以可以从不同的角度对能力进行分类。

(一)按能力所表现的活动领域划分

按能力所表现的活动领域的不同可以分为一般能力和特殊能力。

一般能力是指在进行各种活动中必须具备的基本能力。它保证人有效地认识世界,也称为智力。智力包括个体在认识活动中所必须具备的各种能力,如感知能力(观察力)、记忆力、想象力、思维能力、注意力等,其中抽象思维能力是核心,因为抽象思维能力支配着智力的诸多因素,并制约着能力发展的水平。

特殊能力又称专门能力，是顺利完成某种专门活动所必备的能力，如音乐能力、绘画能力、数学能力、运动能力等。各种特殊能力都有自己的独特结构。例如，音乐能力就是由四种基本要素构成：音乐的感知能力、音乐的记忆和想象能力、音乐的情感能力、音乐的动作能力。这些要素的不同结合，就会构成不同音乐家的独特的音乐能力。

一般能力与特殊能力相互关联。一方面，一般能力在某种特殊活动领域得到特别发展时，就可能成为特殊能力的重要组成部分。例如，人的一般听觉能力既存在于音乐能力之中，也存在于语言能力中。没有听觉的一般能力的发展，就不可能发展语言和音乐的听觉能力。另一方面，在特殊能力发展的同时，也发展了一般能力。观察力属一般能力，但在画家的身上，由于绘画能力的特殊发展，对事物一般的观察力也相应增强起来。人在完成某种活动时，常需要一般能力和特殊能力的共同参与。总之，一般能力的发展为特殊能力的发展提供了更好的内部条件，特殊能力的发展也会积极地促进一般能力的发展。

（二）按活动中能力创造性的大小划分

按活动中能力创造性的大小可以分为再造能力和创造能力。

再造能力是指在活动中顺利地掌握前人所积累的知识、技能，并按现成的模式进行活动的能力。这种能力有利于学习活动的要求。人在学习活动中的认知、记忆、操作和熟练能力多属于再造能力。创造能力是指在活动中创造出独特的、新颖的、有社会价值的产品的能力。它具有独特性、变通性、流畅性的特点。

再造能力与创造能力是互相联系的。再造能力是创造能力的基础，任何创造活动都不可能凭空产生。因此，为了发展创造能力，首先就应虚心地学习、模仿、再造。在实际活动中，这两种能力是相互渗透的。

（三）按活动的认知对象的维度划分

按活动的认知对象的维度可以把能力分为认知能力和元认知能力。

认知能力是指个体接受信息、加工信息和运用信息的能力，它表现在人对客观世界的认识活动之中。元认知能力是指个体对自己的认识过程进行的认知和控制能力，它表现为人对内心正在发生的认知活动的认识、体验和监控。认知能力的活动对象是认知信息，而元认知能力的活动对象是认知活动本身，它包括个人怎样评价自己的认知活动，怎样从已知的可能性中选择解决问题的确切方法，怎样集中注意力，怎样及时决定停止做一件困难的工作，怎样判断目标是否与自己的能力一致等。

(四)按照能力获得的方式划分

按照能力获得的方式(先天具有或后天培养)可以分为能力倾向(潜能)和技能。

能力倾向(潜能)是上天赋予每个人的特殊才能,如音乐、运动能力等。它是与生俱来的,不过也有可能因未开发而荒废,有遗传方面的特征,但也有经过训练后发展的潜在可能性。

技能是指在经过后天学习和练习培养而形成的能力。通常表现为某种动作系统和动作方式。例如,阅读能力、人际交往能力、沟通能力等。

在实际生活和工作中,对个人行为起决定作用的往往不是个人实际能力的高低,而是个人的自我效能感,即个人对自己的能力以及运用该能力将得到何种结果所持的信心或把握程度。

三、多元智能理论

(一)多元智能理论的含义

20世纪80年代,美国发展心理学家、哈佛大学教授霍华德·加德纳(Howard Gardner)提出多元智能理论(Multiple Intelligences)。加德纳首次提出人类有着完整的智能“光谱”。这一论断突破了传统智力理论的假设:人类的认知是一元的,可采用单一的、量化的智力检测手段来测量人的智能。经过多年的研究,加德纳明确提出人类存在多种不同的思维方式,他将人类的智能类型(智能要素)分成八种:语言智能、音乐智能、逻辑智能、空间智能、动觉智能、内省智能、人际智能和自然智能。

(1)语言智能(Linguistic Intelligence):听、说、读和写的能力,表现为个人能够顺利而高效地利用语言描述事件、表达思想并与人交流的能力。

(2)音乐智能(Musical Intelligence):感受、辨别、记忆、改变和表达音乐的能力,表现为个人对音乐包括节奏、音调、音色和旋律的敏感,以及通过作曲、演奏和歌唱等表达音乐的能力。

(3)逻辑智能(Logical Intelligence):运算和推理的能力,表现为对事物间各种关系,如类比、对比、因果和逻辑等关系的敏感,以及通过数理运算和逻辑推理等进行思维的能力。

(4)空间智能(Spatial Intelligence):感受、辨别、记忆和改变物体的空间关系并借此表达思想和感情的能力,表现为对线条、形状、结构、色彩和空间关系的敏感,以及通过平面图形和立体造型将它们表现出来的能力。

(5)动觉智能(Kinesthetic Intelligence):运用四肢和躯干的能力,表现为能够较好地控制自己的身体,对事件能够做出恰当的身体反应,以及善于利用身体语言来表达自己的思想和情感的能力。

(6)内省智能(Intrapersonal Intelligence):认识、洞察和反省自身的能力,表现为能够正确地意识和评价自身的情绪、动机、欲望、个性、意志,并在正确的自我意识和自我评价的基础上形成自尊、自律和自制的能力。

(7)人际智能(Interpersonal Intelligence):与人相处和交往的能力,表现为觉察、体验他人情绪、情感和意图并据此做出适宜反应的能力。

(8)自然智能(Naturalist Intelligence):个体辨别环境(不仅是自然环境,还包括人造环境)的特征并加以分类和利用的能力。

(二)多元智能理论的特点

加德纳曾说过:"每个孩子都是一个潜在的天才儿童,只是经常表现为不同的形式。"多元智能理论给予我们最大的启示就在于它凸显了两个定位:第一,智能,而不是知识;第二,多元智能,而不是单一智能。多元智能理论的主要特点如下。

1. 突出多元性

加德纳认为,人的智能结构由八种智能要素组成,这八种智能要素是多维度相对独立地表现出来,而不是以整合方式表现出来的。八种智能同等重要,不能只将语言智能和逻辑智能置于最重要的位置而忽视其他几种智能。他呼吁要对这八种智能要素给予同等的关注。

2. 突出文化性

加德纳认为,人类是有文化的生命体,要重视智能的社会文化背景。他指出,智能与一定的社会文化环境里人的价值标准有关,智能实质上是在一定文化背景下学习机会和生理特征相互作用的产物。

3. 突出差异性

加德纳认为,每个人都同时拥有相对独立的八种智能要素,而这八种智能要素在每个人身上都以不同方式进行着不同程度的组合,使得每个人的智能各具特点,这就是智能的差异性。这种差异性是由于环境和教育所造成的,不同环境和不同教育条件下个体的智能发展方向和程度有着明显的差异性。

4. 突出实践性

加德纳把智能作为解决实际问题的能力,这是智能理论发展的一个突破性进展。他强调智能不是上天赐予少数幸运者的一种特殊的脑内物质,而是每个人在不同方面、不同程度上拥有的解决一系列现实生活中的实际问题。特别是解决难题的能力,是发现新知识或创造出有效产品的能力。

5. 突出开发性

加德纳认为,人的多元智能的发展关键在于开发。他反复强调,帮助每一个人彻底地开发他的潜在能力,需要建立一种教育体系,能够以精确的方法来描述每个人的智能演变。教育的宗旨应是开发学生多种智能,并帮助学生发现其智能特点,促进其全面发展。

四、技能探索

做任何事情一定会涉及做什么(What)、做(Do)和如何做(How)三个方面,这就是技能问题。正确认识技能,对于个人摆脱对能力的狭隘认识、树立自信心、在求职和工作中胜出等方面具有重要的意义。

(一)技能的分类

辛迪·梵(Sidney Fine)和理查德·鲍尔斯(Richard Bolles)将技能分为三种类型:专业知识技能、可迁移技能、自我管理技能。

1. 专业知识技能

专业知识技能是指那些需要通过教育或者培训才能获得的特别的知识或能力,也就是个人所学习的科目、所懂得的知识,是个人所掌握的知识、信息在头脑中的储存,如是否掌握外语、计算机技能等。知识技能通常用名词来表示,如英语、心理学、管理学、摄影等。专业知识技能不仅要全面,还要系统,常常与我们的专业学习或工作内容直接相关。所以,需要经过有意识的、专门的学习和记忆。专业知识技能多用名词来表示,但需要注意以下三点:

(1)知识技能并非只有通过正式的专业教育才能获得,学校课程、课外培训、专业会议、讲座、研讨会、自学等方式都可以帮助个人获得知识技能。很多学生在简历上注明的学习成绩、奖学金等都是知识技能的体现。

(2)知识技能并不是招聘单位看重的唯一技能。事实上,自我管理技能和可迁移技能往往使得求职者获得工作机会。因此,大学生在校期间不能只重视专业知识的学习,而忽视自我管理和可迁移技能的培养。

(3)技能的组合更为重要。通常我们说的复合型人才,正是指具有不同技能的人。技能的组合使得我们在人才市场上更具有竞争力,也更有可能将工作做好,如建筑学专业,既懂建筑学,又懂英语;英语专业,既懂英语,又懂教育学等。

2. 可迁移技能

可迁移技能也称为通用技能,是一个人能做的事,个体所能胜任的活动,具体表现为一个人所能从事的工作内容,如教学、组织、计算、分析、决策等。可迁移技能往往通过观察、实践、思考、熟练等过程掌握。可迁移技能的特征是它们可以从生活中的方方面面，特别是工作之外得到发展，可以在工作内外、工作之间通用。与知识技能相比较，可迁移技能无所谓更新换代，无论你的需求和工作环境有什么样的变化，它们都可以得到应用。随着我们工作经验和生活阅历的增加，可迁移技能还能得到不断地发展。可迁移技能是用人单位最看重的部分，很多用人单位在招聘时，会优先选择那些可迁移技能与组织文化和价值观最为契合的人才，如华为强调的动手能力，新东方强调的沟通能力等。可迁移技能多用动词来表示。

3. 自我管理技能

自我管理技能又称为职业素养(Career Quotient)，是一个人在工作中所表现出来的，被用来表述或说明人具有的某些特征。例如，勇于创新还是循规蹈矩？在压力状态下是否保持镇定？是否对工作充满热情、是否自信等？所以，自我管理技能经常被看作个性品质而非技能。良好的自我管理技能能够帮助个体更好地适应周围的环境、应对工作中出现的问题，是个人最有价值的“资产”，是影响职业生涯成功与否的关键，因此它被称为“适应性技能”。事实上，很多大学生就业后被解雇或频繁离职多数情况是因为缺乏自我管理技能，而不是缺乏专业能力，如人际关系的处理能力。用人单位对刚毕业入职大学生的意见中，经常听到的就是“缺乏脚踏实地的精神，眼高手低，自负，缺乏为人处世的基本能力等”。因此，可以说，大学生在从校园走向社会前，培养良好的自我管理技能，学会如何为人处世，是至关重要的。

自我管理技能需要通过认同、模仿、领悟等途径获得。自我管理技能多用形容词或副词表示，如积极、乐观、虚心、和善等。自我管理技能并不是通过专业的课程学习得来的，而是在日常生活中随时随地培养的。一个积极乐观向上的人，在工作中也会积极主动，不容易被困难所击倒。

(二)技能与职业

根据明尼苏达的工作适应论，当工作环境能够满足他个人的需求时，个人会感到“内在满意”；当个人能够满足工作的需要时，个人能够达到“外在满意”，即令雇主、同事感到满意；当个人能够同时达到内在和外在满意时，个人与环境之间的关系就比较协调，个人的工作满意度会比较高，在该工作领域也能持久发展。做自己能够胜任的工作，培养和发展自己的技能，发挥个人的潜能，常常是个人选择职业时希望能够得到满足的需求。由此可见，技能与个人的职业满意度、工作适应性以及职业稳定性具有直接的相关关系。发现自己的成就及技能，同时了解职业对技能的要求，对于个人的“内外满意”至关重要。

通过对个人的性格、兴趣、价值观、技能的初步探索，相信同学们都对自己有了一个更深刻、更全面的认知，希望你们对自我的评价更加全面，扬长避短，才能成就更完美的自己。

探索活动

能力倾向测验

在生涯发展评估中，能力倾向测验的作用主要是预测个体在工作或培训中可能取得的成就。此外，它也可以被评估者指出其在认识能力方面的长处和短处，个体便可以在此基础上扬长避短或者做出进一步学习或参加培训的计划和行动。

一般能力倾向测验（General Aptitude Test Battery，GATB）是能力测验的一个很好的例子。它是由美国劳工部于1947年编制的，目前至少有10个不同语言的版本，被应用于几十个国家。原测验共有12个分测验，其中8个纸笔测验、4个操作测验，测量以下9种能力。

（1）智力（G）：一般的学习能力，对说明、指导语等的理解能力，推理判断能力，迅速适应新环境的能力。

（2）语言能力（V）：理解语言的意义以及与其关联的概念并有效掌握它的能力，表达信息和想法的能力。

（3）数理能力（N）：正确快速计算、推理。

（4）空间判断能力（S）：对立体图形以及平面图形与立体图形之间关系的理解能力。

（5）形态知觉能力（P）：对实物或图解之细微部分正确感知的能力，对细微差别的辨别能力。

（6）书写知觉能力（Q）：对词、印刷物、票据等细微部分正确知觉的能力，直观地比较辨别词和数字、发现错误或校正的能力。

（7）运动协调能力（K）：正确地使用眼睛、手指协调迅速完成作业的能力，使手能跟着眼所看到的东西迅速运动进行正确控制的能力。

（8）手指灵巧度（F）：能很好地操作细小东西的能力。

（9）手腕灵巧度（M）：灵活地拿取、放置、调换、翻转物体等精确运动和手腕自由活动的能力。

测　验

本测验把人的职业能力倾向分为9种，每种能力由一组4道题目反映。测验时，请仔细阅读每道题目，采用“五等评分法”对自己的能力进行评定。然后分别计算出自评等级。一般能力倾向测试，见表3-1。

一般能力倾向测试表 表 3-1

项目	评价				
智力(G)	弱	较弱	一般	较强	强
1. 我的学习成绩	1	2	3	4	5
2. 我对各种现象的洞察分析能力	1	2	3	4	5
3. 我对复杂概念的理解掌握能力	1	2	3	4	5
4. 我对知识的记忆能力	1	2	3	4	5
语言能力(V)	弱	较弱	一般	较强	强
5. 我的语言表达能力	1	2	3	4	5
6. 我的写作能力	1	2	3	4	5
7. 我的阅读理解能力	1	2	3	4	5
8. 我的口语交流能力	1	2	3	4	5
数理能力(N)	弱	较弱	一般	较强	强
9. 我的数学成绩	1	2	3	4	5
10. 我的计算速度和准确性	1	2	3	4	5
11. 我对数量关系的理解	1	2	3	4	5
12. 我的逻辑推理能力	1	2	3	4	5
空间判断能力(S)	弱	较弱	一般	较强	强
13. 我对立体图形的理解	1	2	3	4	5
14. 我对空间关系的想象	1	2	3	4	5
15. 我的几何学习成绩	1	2	3	4	5
16. 我的方向感	1	2	3	4	5
形态知觉能力(P)	弱	较弱	一般	较强	强
17. 我对细节的观察	1	2	3	4	5
18. 我发现事物差异的能力	1	2	3	4	5
19. 我的视觉辨别能力	1	2	3	4	5
20. 我对图形的认知	1	2	3	4	5
书写知觉能力(Q)	弱	较弱	一般	较强	强
21. 我发现文字错误的能力	1	2	3	4	5
22. 我的校对能力	1	2	3	4	5
23. 我对文字细节的注意	1	2	3	4	5
24. 我的文字记忆	1	2	3	4	5
运动协调能力(K)	弱	较弱	一般	较强	强
25. 我的手眼协调	1	2	3	4	5
26. 我的操作灵敏性	1	2	3	4	5
27. 我的反应速度	1	2	3	4	5
28. 我的动作协调	1	2	3	4	5

续上表

项目	评价				
手指灵巧度(F)	弱	较弱	一般	较强	强
29. 我手指动作的精确性	1	2	3	4	5
30. 我精细操作的能力	1	2	3	4	5
31. 我手指动作的速度	1	2	3	4	5
32. 我手工制作的能力	1	2	3	4	5
手腕灵巧度(M)	弱	较弱	一般	较强	强
33. 我的手臂动作灵活性	1	2	3	4	5
34. 我抓取物体的能力	1	2	3	4	5
35. 我的手腕控制能力	1	2	3	4	5
36. 我对手部力量的控制	1	2	3	4	5

计 分 方 法

(1)选“强”得5分,选“较强”得4分,依此类推。

(2)计算每一类能力倾向的自评等级:自评等级 = 总分/4。

(3)将自评等级填入表3-2。

职业能力倾向自评等级表　　表3-2

能力类型	智力(G)	语言(V)	数理(N)	空间(S)	形态(P)	书写(Q)	运动(K)	手指(F)	手腕(M)
自评等级									

单元2　个性与职业

一、气质、性格和人格

提到性格,经常会有“性格决定命运”“性格决定成败”等说法,也常常使人联想到气质、人格这两个词语。

气质是表现在心理活动的强度、速度、灵活性与指向性等方面的一种稳定的心理特征,也就是平时所说的脾气、秉性。气质是先天的、内在的,是人的天性、自然属性。

性格是在生活中形成的对现实的稳定态度,以及与之相适应的习惯化行为方式。性格是在社会生活中逐渐形成的,是一个日积月累的过程,具有稳定性和独特性。性格常常表现为一种经常的、习惯性的行为,是一种对外界事物自然而然产生本能反应的行为。

人格又称个性,源于古希腊语 Persona,Persona 指古希腊时代的戏剧演员在舞台上所戴的面具,代表剧中人物的角色和身份,面具随人物角色的不同而变换,体现了角色的特点和性格,就像脸谱。

人格包含的内容很多,性格和气质是其最重要的部分人格,由气质和性格形成,既包含先天的气质因素,又包含后天的性格因素,所以,我们经常说:“人格 = 气质 + 性格”。

气质与性格相互影响,都是人独特的、稳定的人格特征,气质是内因,是性格的基础,同时性格也影响气质。二者又有不同,气质是先天的,可塑性很小,要想改变其实很难,所谓江山易改,禀性难移,其实质就是指气质。而性格是后天养成的,与家庭教育、生活环境、社会影响息息相关,可塑性较大,是可以慢慢改变的。对待气质和性格,我们要做到尊重先天的气质,有效管理后天的性格。

二、气质的探索

气质是指人心理活动的速度、强度、稳定性和灵活性等方面的心理特征,是神经类型特征在人的行为上的表现。所以,认清自己的气质对择业至关重要,是选择职业时的重要因素。一般来说,气质分为胆汁质、多血质、黏液质和抑郁质。每一种气质都有它的积极方面和消极方面。气质对个体的职业和效率有一定的影响。不同气质的人适合从事不同类型的职业,这会有助于职业选择的成功。

1. 胆汁质

胆汁质的人属于兴奋而热烈的类型。他们有理想,有抱负,有独立见解;精力旺盛,热情直率,易激动暴躁,情绪体验强烈;神经活动具有很强的兴奋性,反应速度快却不灵活。他们能以极大的热情去工作,克服工作中的困难,但若对工作失去信心,情绪立即会低沉下来。典型代表人物如《三国演义》中的张飞、《水浒传》中的李逵等。此类人适宜从事竞争激烈、冒险性、风险意识强的职业,如探险家、地质勘探者、登山员、体育运动员、飞行员、演说者、营业员、宾馆招待员等。

2. 多血质

多血质的人属于敏捷而好动的类型。他们更易于适应环境的变化,性情开朗,活泼好动,性情活跃,反应敏捷,易适应环境,善于交际。在群体中精神愉快，相处自然，常能机智地摆脱窘境。这类人工作能力较强，在工作和学习中肯动脑筋，常表现出机敏的工作能力和较高的办事效率。情绪丰富且易兴奋，对外界事物有广泛的兴趣，不安于循规蹈矩地工作，注意力不稳定，兴趣易转移，对职业有较广的选择范围和机会。典型代表人物如《红楼梦》中的王熙凤、《水浒传》中的燕青等。适合从事要求迅速、灵活反应的工作，如记者、律师、艺术工作者、导游、外交官、警察、军人、秘书和其他社会工作者等职业，但不适宜从事单调机械的工作和要求细致的工作。

3. 黏液质

黏液质的人属于缄默而安静的类型。他们情绪兴奋性低，安静沉稳，灵活性低；内倾明显，外部表现少，无论环境如何变化，都能基本保持心理平衡，反应速度慢，但稳定性强，且偏固执、冷漠；比较刻板，有较强的自我克制能力，能埋头苦干，态度稳重，不易分心，对新职业适应慢，善于忍耐。典型代表人物，如《水浒传》中的林冲等。这类人适合从事要求稳定、细致、持久性的活动，如会计、法官、管理人员、外科医生、图书管理员、翻译员、教师、科研人员等，不适宜从事具有冒险性的工作。

4. 抑郁质

抑郁质的人属于呆板而羞涩的类型。他们敏感，行动缓慢，情感体验深刻，观察力敏锐，易感觉到他人不易觉察的细小事物；易疲倦、孤僻，工作耐受性差，做事审慎小心，易产生惊慌失措的情绪，往往是多愁善感的人。典型代表人物如《红楼梦》中的林黛玉等。他们适合从事要求精细、敏锐的工作，如秘书、作家、画家、诗人、打字员、音乐家等。

事实上，大多数人总是以某种气质为主，又附有其他气质。所以，大学生在职业选择中，一定要“量质选择”，找到适合自己气质类型的工作。

探索活动

气质类型测试

以下有四组气质类型测试题，可以帮助我们确定自己的气质类型。做测试时，依次阅读题目，对完全符合自己的题目计3分；如果有的题目处于模棱两可之间，既符合又不符合的计2分；对于不符合自己情况的题目计0分。最后计算出自己在每种气质类型上的总分。

第一组

1. 到一个新环境很快就能适应。(　　)
2. 善于与人交往。(　　)
3. 在多数情况下情绪是乐观的。(　　)

4. 能够很快忘记那些不愉快的事情。(　　)
5. 接受一项任务后,总希望迅速完成。(　　)
6. 能够同时注意几件事情。(　　)
7. 疲倦时只要短暂休息,就能精神抖擞地投入工作。(　　)
8. 讨厌做那些需要耐心细致的工作。(　　)
9. 符合兴趣的事干起来劲头十足,否则就不想干。(　　)
10. 假如工作枯燥乏味,马上就会情绪低落。(　　)
11. 反应敏捷、头脑机智。(　　)
12. 希望做变化大、花样多的工作。(　　)

第一组总分:(　　)

第二组

1. 喜欢在公开场合表现自己,有强烈的争第一的倾向。(　　)
2. 做事有些莽撞,常常不考虑后果。(　　)
3. 做事总有旺盛的精力。(　　)
4. 宁愿侃侃而谈,不愿窃窃私语。(　　)
5. 容易激动,经常出口伤人。(　　)
6. 羡慕那些能够克制自己感情的人。(　　)
7. 喜欢运动量大和场面热烈的活动。(　　)
8. 情绪高时,干什么都有兴趣,情绪不高时,干什么都不感兴趣。(　　)
9. 认准一个目标就希望尽快实现,甚至可以不吃饭、不睡觉。(　　)
10. 遇到气愤的事就怒不可遏,想把心里的话一吐为快。(　　)
11. 爱看情节起伏、激动人心的小说、电影、电视。(　　)
12. 喜欢争辩,总想抢先发表自己的意见,力图压倒他人。(　　)

第二组总分:(　　)

第三组

1. 善于克制、忍让、不计小事,能容忍他人对自己的误解。(　　)
2. 能较长时间地在某一事物上集中注意力,不容易分心。(　　)
3. 能够较长时间地做枯燥单调的工作。(　　)
4. 不易激动,很少发脾气,情绪很少外露。(　　)
5. 不喜欢长时间谈论一个问题,愿意实际动手。(　　)
6. 对工作采取认真、严谨、始终如一的态度。(　　)
7. 喜欢有条不紊的工作。(　　)
8. 与人交往不卑不亢。(　　)

9. 遇到令人气愤的事能够很好地控制自己。(　　)
10. 喜欢安静的环境。(　　)
11. 做事力求稳妥,不做没有把握的事。(　　)
12. 埋头苦干,有耐久力。(　　)
第三组总分:(　　)

第四组

1. 宁愿一个人干,不愿和许多人在一起。(　　)
2. 心中有事,宁愿自己想,也不愿说出来。(　　)
3. 学习和工作时常常比他人更容易感到疲倦。(　　)
4. 对新知识接受很慢,但理解后就很难忘记。(　　)
5. 爱看感情细腻、人物心理活动丰富的文学作品、电影、电视。(　　)
6. 遇到问题总是举棋不定,优柔寡断。(　　)
7. 碰到陌生人觉得拘束。(　　)
8. 厌恶那些强烈的刺激,如尖叫、噪声、危险镜头。(　　)
9. 感情比较脆弱,一点小事能引起情绪波动,容易神经过敏。(　　)
10. 当工作或学习失败,会感到很痛苦,甚至痛哭流涕。(　　)
11. 当感觉烦闷时,他人很难使自己高兴起来。(　　)
12. 碰到危险情况时,常有一种嫉妒恐惧感。(　　)
第四组总分:(　　)

计算得分:第一组多血质;第二组胆汁质;第三组黏液质;第四组抑郁质。哪一组分数明显高于其他三组(均高出 4 分以上),则可认定某典型气质;如果两种气质的得分接近(差异小于 3 分),且明显高于其他两种,则为两种气质混合型。

三、大五人格理论

人格是指一个人习惯化的思维、情感和行为反应方式。人格受先天遗传和后天环境的影响,成年后比较稳定。严格地说,人格并无好坏之分,但是人格会影响个体与环境的互动方式,会成为一个人成长的有利或不利条件。因此充分地认识自己的人格特征,善于发现自己的优点和不足,就能更好地适应环境和社会,更好地走向成功和幸福。

大五人格理论[Extraversion(外向性)、Agreeableness(宜人性)、Conscientiousness(尽责性)、Neuroticism(神经质),Openness(开放性)OCEAN]也被称为人格的海洋,是目前最主要的人格理论,它从外向性、宜人性、尽责性、神经质和开放性五个方面描述了一个人的人格。

1. 外向性

外向性即个体对外部世界的积极投入。善于交际对不善于交际，爱娱乐对严肃，感情丰富对含蓄；表现出热情、活泼、开朗、果断、活跃、冒险、乐观等特点。显著标志是外向者乐于与人相处，充满活力，常常怀有积极的情绪体验。内向者往往安静、抑制、谨慎，对外部世界不太感兴趣。内向者喜欢独处，内向者的独立和谨慎有时会被错认为不友好或傲慢。

2. 宜人性

宜人性反映了个体在合作与社会和谐性方面的差异。热心对无情，信赖对怀疑，乐于助人对不合作，包括信任、利他、直率、谦虚等品质。

宜人的个体重视和他人的和谐相处，因此，他们体贴、友好、大方、乐于助人，愿意谦让。不宜人的个体则只关注自己的利益，他们一般不关心他人，有时候怀疑他人的动机。不宜人的个体非常理性，很适合科学、工程、军事等此类要求客观决策的情境。

3. 尽责性

尽责性指控制、管理和调节自身冲动的方式。有序对无序，谨慎细心对粗心大意，自律对意志薄弱，包括胜任、公正、条理、尽职、成就、自律、谨慎、克制等特点。

冲动并不一定就是坏事，有时候环境要求我们能够快速决策。冲动的个体常被认为是快乐的、有趣的、很好的玩伴。但是冲动的行为常常会给个体带来麻烦，虽然会给个体带来暂时的满足，但却容易产生长期的不良后果，如攻击他人、吸食毒品等。冲动的个体一般不会获得很大的成就。

谨慎的人容易避免麻烦，能够获得更大的成功。人们一般认为谨慎的人更加聪明和可靠，但是谨慎的人可能是一个完美主义者或者是一个工作狂。极端谨慎的个体会让人觉得单调、乏味、缺少生气。

4. 神经质

神经质指个体体验消极情绪的倾向。烦恼对平静，不安全感对安全感，自怜对自我满意，包括焦虑、敌对、压抑、自我意识、冲动、脆弱等特质。

神经质维度得分高的人更容易体验到诸如愤怒、焦虑、抑郁等消极情绪。他们对外界刺激的反应比一般人强烈，对情绪的调节能力比较差，会经常处于一种不良的情绪状态下。并且这些人思维、决策，以及有效应对外部压力的能力也比较差。相反，神经质维度得分低的人较少烦恼，较少情绪化，比较平静，但这并不表明他们经常会有积极的情绪体验，积极情绪体验的频繁程度是外向性的主要内容。

5. 开放性

开放性描述一个人的认知风格。富于想象对务实，寻求变化对遵守惯例，自主对顺从，包括想象、审美、情感丰富、求异、创造、智慧等特征。

开放性得分高的人富有想象力和创造力，好奇，欣赏艺术，对美的事物比较敏感。开放性的人偏爱抽象思维，兴趣广泛。封闭性的人讲求实际，偏爱常规，比较传统和保守。开放性的人适合教授等职业，封闭性的人适合警察、销售、服务性职业等。

人格特质理论提出四个问题：

(1)构成人格的基本要素或特质有多少？

(2)它们是什么？如何解释它们？

(3)这些特质是否是普适性的，是否对每一个人都适用？

(4)这些特质以什么方式构成个人的人格？

大五人格理论的回答如下：

对于第一个问题，目前普遍认同的是五因素的人格特质：只要对人进行描述的题目足够广泛，具有代表性，无论是用他人评定法还是自我报告法，均可证实存在五个强健因素构成人格总体。

对于第二个问题，被普遍认同的五个因素分别反映了人格的一般心理倾向(内外倾向性)，人际关系倾向(社交性)，对规则认同与遵循倾向(责任感)，情绪反应性(情绪稳定性)和智能倾向(开放性或智能)。

对于第三个问题，众多研究认为这五个广义的人格特质是普适存在的，不因语言、文化、种族等的不同而不同。

对于第四个问题，各个特质的分数组合形态众多；各种分数组合形态的意义和心理机制尚未被有效地揭示出来。

四、性格的探索

(一)性格的含义

罗曼·罗兰说：每个人都有他隐藏的精华，和任何他人的精华不同，它使人具有自己的气质。性格就是这种隐藏的精华，它使人具备独特的人格特质，这种人格特质促进个人在生活中，对他人、对事、对自己、对外在环境表现出一致性的对应方式。

性格是个人对现实的稳定态度和与之相适应的习惯化了的行为方式中表现出来的个性心理特征。从广义上讲，性格是人的自然追求和精神欲求的追求体系，是行为方式、心理方式、情感方式的总和，集中反映了一个人的心理面貌。在求职中，性格是构成相识和吸引的重要因素，与职业选择的关系极为密切,既彼此制约,又相互促进。

性格是个体人格中具有核心意义的成分,几乎涉及人的心理过程及个性特征各个方面。性格对于一个人职业选择有着直接影响。不同性格的人适合不同职业;不同的职业需要不同性格特征的人来从事。观察日常生活中的人群,我们就可以发现千差万别的性格特征。

(1)性格的态度特征:有的人诚实、正直、谦逊,而有的人自私、虚伪、骄傲;有的人勤奋、认真、创新,而有的人懒惰、自卑、墨守成规。

(2)性格的意志特征:有的人自制、果断、勇敢,而有的人冲动、盲目、怯懦;有的人顽强、严谨、坚持,而有的人优柔寡断、虎头蛇尾、轻率马虎。

(3)性格的情绪特征:有的人情绪体验深刻,易被情绪支配,控制力较弱,对工作影响较大;有的人情绪体验微弱,意志控制力强,不易被情绪所左右,情绪对工作影响较小。有的人情绪稳定持久,情绪起伏波动较小,就是在成功和失败的重点事件面前也较稳定;有的人则患"冷热病",易激动,情绪不稳,在成功面前忘乎所以,在失败面前可能垂头丧气。有的人经常处于精神饱满、心情欢愉之中,朝气蓬勃、乐观向上;有的人则经常抑郁低沉、无精打采、悲观失望。

(4)性格的意识(理智)特征:在感情注意力方面,有主动观察型与被动观察型,有分析型与概括型;在想象方面,有主动想象型与被动想象型,有狭窄型与广阔型,有创造型与模仿型,还有冷静的现实主义者与脱离实际的幻想者的区别等。

性格中的意志特征与职业的选择有密切的关系,缺乏坚强意志的人常常不能顺利地选择职业,今后也难以胜任工作,往往一事无成或成就平平。由于意志薄弱,一遇挫折、困难就退缩,因而其容易失去许多成功的机会。缺乏坚忍性的人无法从事要求耐力很强的工作,如科研人员、外科医生等;而缺乏自制、任性、怯懦的人也不适宜去做管理和社会工作。

性格就类型而言,还可以分为外向型和内向型。就求职而言,在面对面的交谈中,一般是以外向型性格为好。相关调查显示,在求职面试时,性格外向的人求职成功率高于性格内向的人。在求职过程中,有时其他条件皆占优势的性格内向者,却竞争不过其他条件不如他的性格外向者。这是因为性格外向的人善于把自己展示给招聘者,特别是把自己的长处展示出来。性格内向的人即使有真才实学,但由于不善于展示自己,招聘者也就无法通过感性印象认识他。求职面试中的感性印象,对于用人单位的招聘者来说有着不可忽视的作用。所以说,求职者的性格是影响其求职成败的重要因素。

一般说来,开朗、活泼、热情、温和的性格,比较适合从事外贸、涉外、文体、教育、服务等方面的工作以及其他需同人交往的职业；多疑、好问、倔强的性格，比较适合从事科研、治学方面的工作；深沉、严谨、认真的性格，比较适合做人事、行政、党务工作；勇敢、沉着、果断与坚定是企业家和管理者不可缺少的性格。

（二）通过 MBTI 进行性格探索

1. MBTI 及主要内容

MBTI（Myers-Briggs Type Indicator，迈尔斯-布里格斯类型指标）的理论基础来源于瑞典心理学家荣格有关知觉、判断和人格态度的观点，由布里格斯（Katherine C. Briggs）和她的女儿迈尔斯（Isabel Briggs-Myers）研究发展成为心理测评工具，因此称为 Myers-Briggs Type Indicator。MBTI 是一种广泛使用的人格测评工具，被应用于自我探索、职业发展、人才选拔、团队建设、管理培训、恋爱/婚姻咨询、教育咨询等领域。

MBTI 衡量的是个人的类型偏好（Preference），或称作倾向。所谓偏好，是一种天生的倾向性，是一种特定的行为和思考方式。这些偏好并无优劣之分，却形成了人与人之间的不同。它们各自识别了一些人类正常和有价值的行为，也可能成为误解和偏见的来源。MBTI 用四维度偏好二分法来评估一个人的类型偏好，每个维度偏好二分法均由两极组成。

在 MBTI 测评结果中，一个人在每个维度上只能是一种偏好，如一个人是内倾的就不可能是外倾的，是知觉型的就不会是判断型的。但是，这并不代表一个人是内倾的就没有丝毫外倾的特征，这就好像右利手的人不代表他的左手是没有用处的，有很多时候需要左右手配合。性格也是如此，一个人如果是内倾，就意味着在绝大多数情况下其自然反应是内倾的，但是也有外倾的时候。甚至在特别的情境下，可能主要表现为外倾。所以，测评结果的类型所指并不是“非此即彼”，而是“主要”表现。

MBTI 包括四个维度，显示了人与人之间的差异。

（1）精神能量指向分为外倾（E）和内倾（I）。该维度用以表示个体心理能量的获得途径和与外界相互作用的程度，即个体的注意较多地指向外部的客观环境还是内部的概念建构和思想观念。内倾和外倾是人的力比多（心理能量）的倾向，是人获得及发泄心理能量的方向以及个体与外界相互作用的程度。也就是人把注意力集中在何处，从哪里获得动力，内部还是外部。外倾型态度表现为主体的注意力和精力指向于客体，即在外部世界中获得支持并依赖于外在环境中发生的信息，这是一种从主体到客体的兴趣向外的转移。外倾型个体需要通过经历来了解世界，所以他们更喜欢大量的活动，并偏好于通过谈话的方式来思考，在语言的交流中对信息予以加工。而内倾型态度表现为主体的注意力和精力指向于内部的精神世界，其心理能量通过内部的思想、情绪等而获得。内倾型个体在内部世界中获得支持并看重发生事件的概念、意义等，因此他们的许多活动是精神性的，他们倾向于在头脑内安静地思考以加工信息。外倾型个体经常先行动后思考，而内倾型个体经常耽于思考而缺乏行动。

(2)信息获取方式分为感觉(S)和直觉(N)，该维度又称为非理性维度或知觉维度，表示个体在收集信息时注意的指向，即认识世界的方式。人获取信息的方式以及在收集信息时注意力的指向，是指倾向于通过各种感官去注意现实的、直接的、实际的、可观察的事件还是对事件将来的各种可能性和事件背后隐含的意义及符号和理论感兴趣。感觉型的个体倾向于接受能够衡量或有证据的任何事物，关注真实而有形的事件。他们相信感官能告诉他们关于外界的准确信息，也相信自己的经验。他们注重现在，关心某一刻发生的所有的事情。而直觉型的个体会自然地去辨认和寻找一切事物的含义，他们重视想象力，更注重将来，愿意努力改变事物而不是维持它们的现状。直觉型的个体看到一个环境就想知道它的含义和结果可能如何。感觉型的个体被视为较具有实际意识，而直觉型个体被视为较有改革意识。感觉—直觉维度在问题解决过程中分别有重要作用。

(3)决策方式分为思维(T)和情感(F)，即人判断事物、作决定或下结论的方式方法，该维度又称为理性维度或判断维度。该维度用于表示个体在作决定时采用什么系统，即作决定和下结论的方法，是客观的逻辑推理还是主观的情感和价值。情感型的个体期望自己的情感与他人保持一致，他们作决定的基石是何者对他们自己和他人是重要的；其理性判断的依据是个人的价值观。而思维型的个体通过对情境进行的客观的、非个人的逻辑分析来作决定，他们注重因果关系并寻求事实的客观尺度，因此较少受个人感情的影响。

(4)生活态度取向分为判断(J)和知觉(P)，是指个体完成任务而采取的行动方式，个体喜好的生活方式。所以，该维度用以描述个体的生活方式，即倾向于以一种较固定的方式生活或作决定，还是以一种更自然的方式生活或收集信息。这一维度是一种态度维度。虽然个体能够使用直觉和判断，但是这两极不能同时被运用。多数个体会自然地发现采用某种生活方式时总是比另一种更加轻松，因此总是在与外部世界打交道时采用这种生活态度。判断型个体倾向于以一种有序的、有计划的方式对其生活加以控制，他们期望看到问题被解决，习惯于并喜欢作决定。而知觉型个体偏好于知觉经验，他们不断地收集信息以使其生活保持弹性和自然。他们努力使事件保持开放性，让其自然变化，以便出现更好的事件。

2. MBTI 性格探索

下面开始认识自我性格的旅途吧。

(1)能量获得途径：外倾(E)或内倾(I)？

你更喜欢将自己的注意力集中于何处？你从何处获得活力？内倾和外倾的含义，见表3-3。

能量倾向的特征区分　　表3-3

外倾(E)	内倾(I)
从外部世界获得能量	从内部世界获得能量
喜欢与人交往	喜欢独处
通过说话整理思维	通过思考整理思维
先说后想	先想后说
关注外部事件	关注内部体验
善于表达	善于倾听
主动性强	反思性强

外倾者的主要表现：

"平日里要是有人突然问我对某人或某事的看法，我可能会回答得非常宽泛，甚至不会回答。因为在我脑中确实没有对该事的任何想法。我的观点往往是在交谈中形成的。"

"我总是精力充沛，并随时准备帮助任何一个遇到麻烦的人。我喜欢结交朋友，我不喜欢独自工作，喜欢和朋友待在一起。"

"我喜欢有人气的生活，即使与一群人在一起说话我也乐意。所以在生活中，一般情况下我不会独自出去逛街、购物，除非有些东西我很急用。"

内倾者的主要表现：

"我从来就不爱主动地表现、交往、参加特别多的活动。虽然与知心朋友在一起会是另一番景象，但那是另一回事。喜欢小范围、知心地交流。"

"在多数情况下，我更关注自己的内心想法和感受，我可以沉浸在自己的世界里大半天，对周围的世界毫无感觉。但这并不表示我忽略他人。我也会站在他人的立场上来考虑事情，也在乎他们的喜怒哀乐，并容易受他们的影响。如果你在路上遇见我，你总会看见一张似乎永远那么平静、毫无表情的脸。"

探索活动

能量倾向测试

请根据你的第一反应，选择你最舒服的日常表现：

①A. 热情洋溢	B. 含蓄内敛
②A. 乐于主动表达	B. 沟通相对被动
③A. 更爱热闹	B. 更爱安静
④A. 边听边说边想	B. 先听后想,想好了再说
⑤A. 交友广泛	B. 朋友不多

(2)注意力的指向:感觉(S)或直觉(N)?

你如何获取信息?感觉和直觉是我们获取信息的两种方式。感觉型的人倾向通过五官来获取精确的信息。直觉型的人则习惯于通过所谓的第六感来获取信息,他们更注重事情的含义、象征意义和潜在意义,具体解释,见表3-4。

注意力指向的特征区分　　表3-4

感觉(S)	直觉(N)
关注具体事实	关注可能性
注重现在	注重未来
喜欢细节	喜欢概念
相信经验	相信灵感
循序渐进	跳跃思维
实际务实	富有想象
重视传统	追求创新

探索活动

注意力指向测试

观察图3-1,你的第一感觉是什么?请大家描述图片给自己留下的印象,并写在纸上。时间:3~5分钟。

图3-1　注意力指向测试

两种典型的描述：

A.“由两匹马、一个美女、山峦、彩云组成，主要由棕色、紫色、黄色等嵌套在一起。”

B.“愤怒的战马在嘶叫，整幅画的色彩充满了狂躁与不安，是火山将要爆发了吗？”

分析：

选项A的描述具体写实，属于感觉型的人的风格。

选项B的描述充满了象征意义，属于直觉型的人的风格。

感觉型的人与直觉型的人不同，造成他们在工作上可能的冲突：感觉型的人更关注事情的细节和事实，如应用类的工作；而直觉型的人更喜欢新的问题和可能性，如理论类的工作。感觉型的人可能会觉得直觉型的人太富幻想、不切实际；而直觉型的人则会认为感觉型的人太保守、抵触革新。其实他们在工作中各有所长，可以很好地配合：直觉型的人因为较重远景和全貌，适合做策划的工作；而感觉型的人注重细节和现实，适合于做实施执行的工作。

(3)决策判断方式：思维(T)或情感(F)？

如何作出决策？决策判断方式的特征区分，见表3-5。

决策判断方式的特征区分　　表3-5

思维(T)	情感(F)
逻辑分析	价值判断
客观公正	主观人性
重视效率	重视和谐
批判质疑	理解支持
重视真理	重视情理
因果关系	人际关系
原则为上	人情为重

探索活动

决策判断方式测试

你该如何决策？

某所军校规定，学生被发现吸烟三次就要勒令退学。假如你是这所军校主管学生工作的教师，有一名学生已经两次被发现抽烟，你和他认真地谈了一次话，警告他如果再被发现抽烟，他将被开除。现在，这名学生在即将毕业的时候第三次吸烟被抓。你会怎么办？为什么？

给大家2分钟时间，思考并在纸上写出自己的决定和想法，然后进行交流、分享。

几种典型的回答：

A."开除他。我已经和他谈过事情的严重性，但他一犯再犯，制度就是制度，一定要开除，否则再出现类似的事情就没法管了，这样做对其他学生也是一种公平。"

B."我会再找他谈谈，问问他再次抽烟的原因是什么。考虑到他马上就毕业了，这时候开除他有点可惜，对他的前途影响比较大，所以我会和他谈谈问题的严重性，并告诫他以后类似的事情不要再犯，但是最后还是决定不开除他。"

C."开除他。虽然他马上就毕业了，现在开除他对他的影响很大，但是如果这次不给他教训，让他有了侥幸心理，下次他遇到类似的事情还可能会犯错，这容易让他养成对自己行为不负责任的习惯，不利于他的成长，所以宁可痛一时，强于痛一辈子。但在开除之前我会好好和他谈谈这里面的原因，希望他能够吸取教训。"

分析：

选项A和选项C的结果相同，但思考的角度却有很大区别。选项A的回答更看重制度，追求制度上的公平；选项C的回答则是从人的成长和价值角度出发。选项B的回答更多的是从对学生产生的影响角度来考虑问题的。

虽然结果不尽相同，但不难看出，选项A通常是思维型人的回答，选项B和选项C是情感型人的回答。

（4）行动方式：判断（J）或知觉（P）？

你如何与外部世界打交道？行动方式的特征区分，见表3-6。

行动方式的特征区分　　表3-6

判断(J)	知觉(P)
喜欢计划	喜欢灵活
按时完成	临时抱佛脚
有序组织	随意自然
控制环境	适应环境
目标导向	过程导向
快速决策	保持开放
按部就班	临时应变

探索活动

行动方式测试

你会去吗?

假设现在是周五下午,你在本周日上午要参加大学英语四级考试。这是你最后一次机会参加这项考试了,而你感觉自己有不少东西还没准备好,因此打算在今晚和周六好好复习一下。但是,你忽然接到电话,你的一个好朋友从外地来了。你们已经好久没见面了,他邀请你今晚去看他,他周六早上就要离开。你会去吗? 为什么?

给大家2分钟的时间,思考并把你的想法写在纸上,然后分享、讨论。

两种典型的回答:

A."当然去,好朋友难得一见当然重要了。英语考试周六还可以有一天复习时间,这种考试临时抱佛脚的复习也不见得有多大用处。"

B."不会去。即使复习好了也不会去,因为那样就找不到考试的感觉了。朋友虽然很重要,但以后肯定还有机会,可是考试就最后一次机会了。"

分析:

选项A是知觉型人的答案,他们喜欢在体验中生活,同时身处在不同事件中。

选项B是判断型人的答案,他们不喜欢意外的变化,集中精力、按部就班地处理好一件事让他们感觉良好。

在完成了以上MBTI四个维度的练习后,你是否已经能够初步判断出自己在每个维度上的偏好是什么?你可以再次对照上述表格中对每个偏好的解释,然后在下面的横线上写下自己的MBTI类型:

我的MBTI类型(在下划线上打"√")

精神能量倾向:外倾__________内倾__________

信息获取方式:感觉__________直觉__________

决策方式: 思维__________情感__________

生活态度: 判断__________知觉__________

五、16种MBTI类型

为了方便理解,前面对MBTI的各个维度进行了单独的介绍,但这并不等于可以从单个维度去理解人。人的性格非常复杂,每个维度都会彼此影响。因此,将MBTI四个维度结合起来,是正确理解一个人的方法。在MBTI中,四个维度中的两极正好组合成16种人格类型,这16种性格类型及其特点，见表 3-7。

MBTI 类型的 16 种性格类型及其特征　　　　表 3-7

性格类型	ISTJ	ISFJ	INFJ	INTJ
特征	沉静，认真；贯彻始终，得人信赖而取得成功。讲求实际，注重事实，能够合情合理地去决定应做的事情，而且能坚定不移地完成，不会因外界事物而分散精力。以做事有次序、有条理为乐——不论在工作上、家庭上或者生活上，重视传统和忠诚	沉静，友善，有责任感，谨慎。能坚定不移地承担责任。做事贯彻始终、不辞辛劳和准确无误。忠诚，替人着想，细心。往往记着他所重视的人的种种微小事情，关心他人的感觉。努力创造一个有秩序、和谐的工作和家居环境	探索意念、人际关系和物质拥有的意义和它们之间的关系。希望了解什么可以激发人的推动力，对他人富有洞察力。尽责，能够履行他们坚持的价值观念。有一个清晰的理念以谋取大众的最佳利益。能够有条理地、果断地去实践他们的理念	具有创意的头脑，有很大的冲劲去实践他们的理念和达到目标。能够很快地掌握事情发展的规律，从而想出长远的发展方向。一旦作出承诺，便会有条理地开展工作，直到完成为止。有怀疑精神，独立自主。无论为自己或为他人，有高水准的工作表现

性格类型	ISTP	ISFP	INFP	INTP
特征	容忍，有弹性，是冷静的观察者，一旦有问题出现，便迅速行动，找出可行的解决方法。既能够分析哪些东西可以使事情进行顺利，又能够从资料中找出实际问题的重心。很重视事件的前因后果，能够以理性的原则把事实组织起来，重视效率	沉静，友善，敏感和仁慈。欣赏目前和他们周遭所发生的事情。喜欢有自己的空间，做事能把握自己的时间。忠于自己所重视的人。不喜欢争论和冲突，不会强迫他人接受自己的意见或价值观	理想主义者，忠于自己的价值观及自己所重视的人。外在的生活与内在价值观配合。有好奇心，很快看到事情的可能与否，能够加速对理念的实践。试图了解他人，协助他人发展潜能。适应力强，有弹性。如果与他人的价值观没有抵触，往往能包容他人	对任何感兴趣的事物，都要探索一个合理的解释。喜欢理念和抽象的事情，喜欢理念思维多于社交活动。沉静，满足，有弹性，适应力强。在他们感兴趣的范围内，有非凡的能力去专注而深入地解决问题。有怀疑精神，有时喜欢批评，常常善于分析

续上表

性格类型	ESTP	ESFP	ENFP	ENTP
特征	有弹性,能容忍,讲求实际,专注即时的效益。对理论和概念上的解释感到不耐烦,希望以积极的行动去解决问题。专注于“此时此地”,喜欢主动与他人交往。喜欢物质享受的生活方式。能够通过实践达到最佳的学习效果	外向,友善,包容。热爱生命,爱物质享受。喜欢与他人共事。在工作上,注意现实的情况,使工作富趣味性。富灵活性、即兴性,易接受新朋友和适应新环境。与他人一起学习新技能可以达到最佳的学习效果	热情而热心,富于想象力。认为生活充满很多可能性。能够很快地找出事件与资料之间的关联性,而且有信心地依照他们所掌握到的模式去做。很需要得到他人的肯定,又乐于欣赏和支持他人。即兴而富于弹性,时常信赖自己的临场表现和流畅的语言能力	思维敏捷,机灵,能激励他人,警觉性高,勇于发言。能随机应变地去应付新的和富于挑战性的问题。善于引出在概念上可能发生的问题,然后很有策略地加以分析。善于洞察他人。对日常例行事务感到厌倦。甚少以相同方法处理同一事情,能够灵活地处理接二连三的新事物

性格类型	ESTJ	ESFJ	ENFJ	ENTJ
特征	讲求实际,注重现实,注重事实。果断,能快速作出实际可行的决定。能够安排计划和组织人员以完成工作,尽可能以最有效率的方法达到目的。能够注意日常例行工作的细节。有一套清晰的逻辑标准,会有系统地跟着去做,也希望他人跟着去做。会以强硬态度去执行计划	有爱心、尽责、合作。渴望和谐的环境,而且有决心营造这样的环境。喜欢与他人共事以能准确地、准时地完成工作。忠诚,即使在细微的事情上也如此。能够注意他人日常生活中的需要而努力供应他们。渴望他人赞赏他们和欣赏他们所作的贡献	温情,有同情心,反应敏捷和有责任感。高度关注他人的情绪、需要和动机。能够看到每个人的潜质,要帮助他人发挥自己的潜能。能够积极地协助他人和组织的成长。忠诚,对赞美和批评都能作出很快的回应。社交活跃,在一组人当中能够惠及他人,有启发人的领导才能	坦率、果断、乐于作为领导者。很容易看到不合逻辑和缺乏效率的程序和政策,从而开展和实施一个能够顾及全面的制度去解决一些组织上的问题。喜欢有长远的计划,喜欢有一套特定的目标。往往是博学多闻的,喜欢自学知识,又能把知识传给他人。能够有力地提出自己的主张

知道自己的MBTI类型，可以帮助了解自己的职业倾向，见如表3-8。通过性格类型分析，我们能够更准确地把握自己的职业倾向和适合的工作环境。

16种MBTI类型的职业倾向 表3-8

类型	适合的职业特点	典型职业
ISTJ	需要细心观察和精确性的工作，稳定的工作环境，明确的工作任务	会计人员、审计人员、银行业务人员、行政办公人员、业务人员、法官、医师、图书资料管理人员
ISFJ	为他人提供服务的工作，需要细致照顾的工作，和谐的工作环境	护理人员、教师、中介代理人、心理医生、营养配餐员
INFJ	能够帮助他人成长的工作，需要创意和洞察力的工作，符合个人价值观的工作	心理医生、作家、美术专业人员、宗教职业者、教育科学研究人员
INTJ	需要系统思维和长远规划的工作，独立性强的工作，具有挑战性的工作	数学研究人员、计算机系统分析技术人员、建筑设计工程技术人员、证券投资顾问、管理科学研究人员
ISTP	需要实际操作和技术技能的工作，灵活性强的工作，解决问题的工作	钳工、计算机软件技术人员、驾驶员、运动员、警察
ISFP	能够表达个人价值观的工作，艺术性强的工作，一对一服务的工作	民族乐器演奏员、工艺美术专业人员、兽医、保健按摩师、摄影师
INFP	能够表达创造力的工作，帮助他人实现潜能的工作，符合理想的工作	作家、翻译、文字编辑、美术专业人员
INTP	需要理论分析的工作，独立研究的工作，需要创新思维的工作	高等教育教师、哲学研究人员、数学研究人员、物理学研究人员、化学研究人员
ESTP	需要快速反应的工作，与人接触多的工作，实际操作性强的工作	推销员、工程技术人员、企业经理、导游、营业员
ESFP	与人合作的工作，能够娱乐他人的工作，灵活性强的工作	演员、营业员、公关员、幼儿教师、餐厅服务员
ENFP	需要创新和人际交往的工作，能够激励他人的工作，多样化的工作	记者、广告设计人员、教练员、导演、节目主持人
ENTP	需要创新和挑战的工作，能够影响他人的工作，变化性大的工作	律师、企业经理、记者、证券投资顾问、导演
ESTJ	需要组织管理的工作，明确目标的工作，需要效率的工作	企业经理、军人、工程技术人员、行政办公人员
ESFJ	为他人提供服务的工作，需要团队合作的工作，和谐的工作环境	秘书、护理人员、饭店服务员、行政事务人员、营业员

续上表

类型	适合的职业特点	典型职业
ENFJ	能够帮助和影响他人的工作,需要沟通技巧的工作,教育培训类工作	教师、人力资源开发与工程技术人员、公关员、教练员
ENTJ	需要领导和战略规划的工作,具有挑战性的工作,能够影响组织的工作	企业经理、国家权力机关及其工作机构负责人、银行业务人员、企业董事

根据自己的 MBTI 类型,就可以在表 3-8 中找到适合自己的职业倾向。

单元 3　兴趣与职业

兴趣是最好的老师。兴趣是一种无形的动力,每个人都会对感兴趣的事物给予优先注意和进行积极的探索,并表现出心驰神往。职业兴趣是一个人对待工作的态度,对工作的适应能力,表现为有从事相关工作的愿望和兴趣。拥有职业兴趣将增加个人的工作满意度、职业稳定性和职业成就感。

一、兴趣与职业兴趣

(一)兴趣概述

兴趣是个体力求认识某种事物或从事某项活动的心理倾向,它表现为个体对某种事物或从事某种活动的选择性态度和积极的情绪反应。兴趣具有以下三个特点:

(1)高度卷入的积极情绪体验。美国心理学家萨维克斯认为,兴趣就是人与其所接触的事物融为一体的经验。美国芝加哥大学心理学教授米哈利历时 30 年,与数百名运动员、艺术家、攀岩爱好者、国际象棋选手和教育家进行了访谈,他们在谈自己的职业时,都会不约而同地提到一种“高度卷入”的状态,这种对工作忘我的投入状态让他们觉得是最愉悦和最满足的。

(2)在实践中产生、变化和发展。兴趣是基于对事物、活动的认识和体验,而不是出自凭空的想象。这种了解可以是基于直接经验,也可以来自间接经验。直接经验即自己亲身去感受、实践,间接经验来自观察学习或听人介绍。

(3)兴趣的实现往往需要理性的付出。一旦兴趣与职业结合,形成职业兴趣,需要人站在生产者的角度看待职业,愿意付出努力,享受工作中的乐趣,同时接受工作过程中不那么有趣的部分。常有人用诺贝尔物理学奖得主丁肇中的话“兴趣比天才更重要”来强调兴趣对于职业发展的重要性,但丁肇中还说过:“任何科学研究,最重要的是要看对自己所从事的工作有没有兴趣,换句话说,也就是有没有事业心,这不能有任何强迫……比如搞物理实验,因为我有兴趣,我可以两天两夜,甚至三天三夜在实验室里,守在仪器旁,我急切地希望发现我所要探索的东西。”表层的兴趣源于偏好,这让人愿意去尝试、能够去行动,容易被满足,也容易消失;而深层的兴趣源于世界观、人生观、价值观,它让人愿意为之牺牲,不计名利报酬、忘我地工作,这就是责任感和使命感,是责任感和使命感让人坚持到最后。

(二)职业兴趣概述

1. 职业兴趣的概念

职业兴趣是指人对某种职业活动的关注程度,以及乐于从事某职业活动的稳定、积极而持久的心理倾向。它是一个人探究某种职业或从事某种职业活动所表现出来的特殊性格倾向,它使个人对某种职业给予优先的注意,并具有向往的情感。职业兴趣是人职业生涯取得成功的重要推动力,浓厚的职业兴趣能够最大限度地调动人的潜能,使人长期专注于某一方向,并为之付出艰苦的努力,最终取得职业生涯的成功。

职业兴趣是以一定的素质为前提,在职业生涯实践过程中逐渐发生和发展起来的。它的形成与个人的个性、自身能力、实践活动、客观环境和所处的历史条件有着密切的关系,因此,职业规划对兴趣的探讨不能孤立进行,应当结合个人的、家庭的、社会的因素来考虑。

2. 职业兴趣的影响因素

(1)个人需要和个性

职业兴趣是在一定需要基础上,在社会实践中形成的。职业兴趣实际上是个人需要的延伸。关于需要的理论,心理学家也有许多论述,其中较为著名的是美国心理学家马斯洛的需要层次论,他把人的需要分为生理需要、安全需要、社会需要、尊重需要和自我实现需要五个层次。不管人的兴趣是什么,都是以需要为前提和基础的,人需要什么就会对什么产生兴趣。人的生理需要或物质需要一般来说是暂时的,容易满足。而人的社会需要或精神需要却是持久的、稳定的、不断增长的。例如,人际交往、对文学和艺术的兴趣、对社会生活的参与是长期的、终身的,并且是不断追求的。兴趣是在需要的基础上产生的,也是在需要的基础上发展的。职业兴趣和爱好品位的高低会受一个人的个性特征优劣的影响。例如,一个人品质高尚,会对公益活动感兴趣,乐于助人,对高雅的音乐、美术有兴趣;反之,一个人品质低劣,如对占小便宜感兴趣,对低级、庸俗的文艺作品有兴趣。

(2)个人认识和情感

职业兴趣与个人的认识和情感密切联系。如果一个人对某项事物没有认识,也就不会产生情感,因而也就不会对它产生兴趣。同样,如果个体缺乏某种职业知识,或者根本不了解这种职业,那么个体就不可能对这种职业感兴趣,在职业规划时想不到。相反,个体认识越深刻,情感越丰富,兴趣也就越浓厚。例如,有的人对集邮很入迷,认为集邮既有收藏价值,又有观赏价值,它既能丰富知识,又能陶冶情操;而且收藏得越多,越丰富,就越投入,情感越专注,越有兴趣,于是就会发展成为一种爱好,并有可能成为他的职业选择。

(3)家庭环境

家庭是最基本的社会单元,对每个人的心理发展都产生重要的影响,因此个体职业心理发展具有很强的社会化特征,家庭环境的熏陶对个体职业兴趣的形成具有十分明显的导向作用。大多数人从幼年期就在家庭环境中感受父母的职业活动,随着年龄的增长,逐步形成自己对职业价值的认识,使得个人在选择职业时,不可避免地带有家庭教育的印记。家庭因素对职业取向的影响,主要体现在择业趋同性和协商性等方面。一般情况下,个体对家庭成员特别是长辈的职业比较熟悉,在职业规划和职业选择上产生一定的趋同性影响,同时受家庭群体职业活动的影响,个体的生涯决策或多或少产生于家庭成员协商的基础上。职业兴趣有时也受遗传的影响,父母的职业兴趣也会对子女的职业兴趣有直接的影响。

(4)受教育程度

个体接受教育的程度是影响个体职业兴趣的重要因素。任何一种社会职业从客观上对从业人员都有知识和技能等方面的要求,而个体的知识和技能水平的高低在很大程度上取决于其受教育的程度。一般意义上,个体学历层次越高,接受职业培训范围越广,其职业取向领域就越宽。

(5)社会因素

社会舆论对个体职业兴趣的影响主要体现在政府政策导向、传统文化、社会时尚等方面。政府就业政策的宣传是主导的影响因素,传统的就业观念和就业模式也往往制约个体的职业选择,而社会时尚职业则始终是个体特别是青年人追求的目标。如当前计算机技术和旅游事业都得到较大发展,对这两个职业有兴趣的人也增加得很快。另外,职业兴趣和爱好是受社会性制约的,不同的环境、不同的职业、不同的文化层次的人,职业兴趣和爱好都不一样。

(6)职业需求

职业需求是一定时期内用人单位可提供的不同职业岗位对从业人员的总需求量,它是影响个人职业兴趣的客观因素。职业需求越多、类别越广,个体选择职业的余地就越大。职业需求对个体的职业兴趣具有一定的导向性,在一定条件下,它不仅可强化个体的职业选择,或抑制个体不切实际的职业取向,还可引导个体产生新的职业取向。

(7)年龄的变化和时代的变化

年龄的变化和时代的变化也会对个体的兴趣产生直接影响。就年龄方面而言,个体少儿时期往往对图画、歌舞感兴趣,青年时期对文学、艺术感兴趣,成年时期往往对某种职业、某种工作感兴趣。它反映了个体的兴趣随其年龄的增长、知识的积累在转移。就时代来讲,不同的时代,不同的物质和文化条件,也会对个体职业兴趣的变化产生较大的影响。

以上因素对每个人的影响都不同,需要在职业规划中予以考虑。

二、职业兴趣与职业生涯规划

(一)职业兴趣对职业生涯的影响

个体职业兴趣存在差异,这是由于其兴趣爱好具有多样化的特性。有的人喜欢从事实践性强的职业,比如室内设计、园艺养护、美容服务以及机械设备维修等;有的人则偏爱从事需要较高抽象思维和创新意识的工作,如经济研究、产品开发、社会调研和科研探索等均属于此类。职业兴趣在职业规划和路径选择中扮演着重要角色,主要表现在如下几个方面:

1. 职业兴趣是职业选择的重要依据

职业兴趣可以引导人把注意力集中到某个专业领域,激发潜在智力及创造能力。一个人如果对某个职业充满浓厚兴趣,那内心的动力就会被调动起来,自主去探求有关知识体系和发展走向等内容,并利用系统思维及深入探究方式维持良好心情与充沛想象力。在这样一种状态下,学习效率以及应对难题方面的能力都会被极大地加强。反之,没有了这种内在推动力就很难达到预期效果或者发挥出最大潜能。那些有着明确兴趣偏好的人们在选择职业道路上自然会优先考虑那些能够跟自己兴趣喜好相对应的方向,在外界环境限制较小时更是如此。

2. 职业兴趣可以提高工作效率,充分发挥个人才能

当一个人对某个领域产生了浓厚的兴趣,那么原来枯燥无味的工作就会被赋予新的意义,变成一种有意义的活动形式。这种内在的动力不仅可以帮助我们减轻工作带来的压力感,还可以把这种压力转化为积极向上的

感受。兴趣会促使人调动自己的身心资源,用敏锐的观察力、专注的注意力、深入的思考方式和创新思维能力来提高潜能开发的效率和质量。

3. 职业兴趣是保证职业稳定、职场成功的重要因素

职业兴趣是智力开发的主要推动因素,也是激发个体工作积极性的关键要素。当个体对某一职业领域产生强烈兴趣时,就会花费更多的时间和精力对其进行深入探究,从而收获优异成果。从深层次来讲,职业兴趣既是促使个体适应职业的心理机制,也是指引职业规划的重要参考。相关研究表明,职业兴趣对工作满意度和职业稳定性有着明显影响,而工作满意度是衡量职业适应水平的关键指标之一。当其他条件保持不变时,如果个人专注于感兴趣的领域,不仅能够提高自我认同感,而且会增进组织归属感,进而朝着更远的职业目标迈进。

4. 职业兴趣可增强个人的职业适应性

多元化的兴趣爱好有助于个体更快地适应复杂多变的职业环境。在职业转型的过程中,如果具备相关领域的兴趣基础,那么就可以更好地胜任岗位、加快求职的速度、融入新的工作场景。职业兴趣是促进职场成功的要素之一,它可以最大限度地发挥人的潜力,也可以让一个人专注于某一领域不断努力,从而达到卓越的职业成就。

职业兴趣指的是个人在某种职业环境里表现出的个性化倾向特性。创建长期而稳固的职业发展路线的时候,要全面考量自己所掌握的职业技能,并深入探究对各类职业的喜好程度。职业兴趣是职业决策的重要参考要素,它可促使个体挑选符合自身兴趣的工作范畴,在职业定位与规划的过程中起着关键作用,从而推动潜能的开发,改善工作效能并优化总体绩效水平。

(二)职业兴趣与职业决策的关系

个体职业行为模式与兴趣类型之间存在相关性,依据职业兴趣理论的实证研究,可借助行为预测模型分析个体行为特征,进而达成职业规划改善、岗位匹配改良、职业生涯发展引导及专业能力加强等目的。

1. 最理想的职业选择:人职协调

依循霍兰德职业兴趣理论六种人格类型,理想职位要符合个人兴趣偏爱,达成个体特征与工作环境的契合。对于实用型人才来说,餐饮业、制造业等传统行业都是适合发展的方向;而对于艺术型人才而言,更适合做绘画、雕塑、音乐、写作、表演等工作。对自己感兴趣的工作,人对待工作的态度是积极的,有着强烈的探究愿望并能够把全部精力放到工作之中。当一个人处在符合自己兴趣的行业时,他的自我意识以及对自己所从事行业认

识程度就会大大加强，在面临各种麻烦或者遇到困难时仍能执着追求自己的目标。

2. 可接受的职业选择：人职次协调

从就业市场现状出发，过分注重人职匹配，可能会导致过度限制，从而加大求职难度，压缩选择范围。个人应当按照自己的兴趣来规划职业道路，社会型人格特质的人也可以从事企业型相关工作。按照霍兰德职业兴趣六边形理论，这两种职业类型虽然相邻，但存在一定的联系，经过调整和适应策略，依然可以达成人职次协调的目标。

3. 最糟糕的职业选择：人职不协调

极端的人职不协调情况表现为个体所从事的工作与自身的核心兴趣以及个性特质存在巨大差别，艺术从业者被安排去承担行政事务性工作，研究型人才则需要承担销售管理责任。这种状况既不符合个体的心理需求，还会对个体的职业认同感产生负面影响，从而影响到工作绩效和职业发展进程，这是典型的人职不匹配问题。

一个人踏入新的职业领域，开始自己的职业生涯的时候，常常会遇到许多困难和阻碍。这个时候，兴趣、目标以及内在的动力就成了促使人不断前进的主要因素，而且会对职业发展道路产生深刻的影响。所以，制定职业规划的时候，首先要考虑的因素就是个人的兴趣因素。一般而言，大多数人的兴趣是多种多样的。当兴趣类型在霍兰德职业兴趣六边形模型中处于相邻位置并且具有较高关联度时（比如社会型与企业型），利用兴趣来进行职业选择就比较可行且科学。

有的人由于兴趣范围比较广，所以他们在做职业选择的时候常常会陷入两难的境地。这种情况多半是因为他们多方面的兴趣在霍兰德职业兴趣六边形模型当中所处的位置是分散或者对立的，这就会造成很大的心理冲突。这个时候兴趣因素在职业选择中所起的作用就相对较小了，更多的是依靠性格特质、价值观这些核心变量来进行系统的评价和衡量。

（三）怎样了解自己的职业兴趣

想要达成职业兴趣与岗位需求的最佳匹配，关键之处在于形成人职关系的和谐统一。要准确把握个体的职业兴趣特性，就需要采用多种评价工具和方法展开系统的分析工作。依靠问卷调查、心理测评、行为观察及技能鉴定等多种途径，就能全面地获取有关个体职业兴趣的数据信息。

1. 兴趣倾向表达法

兴趣倾向表达法是指通过系统性梳理以往问题解决过程中的关键要素，把有关的答案以及由此产生的观点整理成一份详尽的清单，按照这些答案及其衍生观点所具有的属性特征加以分类归纳并深入剖析，进而弄清个体兴趣倾向和内在特质的具体体现形式。

2. 职业兴趣测评法

职业兴趣测评法属于一种科学又系统的自我认识手段，它利用标准题库（其中涵盖学习、娱乐、社交互动及职业发展等诸多方面）来指引人针对自己的喜好程度展开评判，通过搜集反馈数据进行量化分析并加以综合评定，从而判定出其职业兴趣特性或类型，这种方法同霍兰德职业兴趣理论有着非常密切的联系。

3. 自我行为观察法

自我行为观察法是指从系统角度去分析日常行为轨迹以及某些情况下的活动分布特点，进一步了解个人兴趣偏好的行为。利用连续几天的观察方法，准确地把各种活动所占时间比例记录下来，从中找出出现次数最多或者最被推崇的活动类型及其有关要素。

4. 职业知识测验法

职业知识测验法主要是利用职业相关知识测评工具来获取有关个人在某一领域对于信息以及专业术语的认知水平的数据，从而对个人的职业兴趣偏好以及职业适应性展开细致的分析和评价。

三、爱德华个人偏好测评

爱德华个人偏好测验（Edwards' Personal Preference Schedule，EPPS）是由美国心理学家爱德华以莫瑞的 15 种人类需要理论为基础编制的，这 15 种人类需要是：成就（ach）、顺从（def）、秩序（ord）、表现（exh）、自主（aut）、亲和（aff）、省察（int）、求助（suc）、支配（dom）、谦卑（aba）、扶助（nur）、变异（chg）、持久（end）、异性恋（het）和攻击（agg）。这 15 种人类需要的含义，见表 3-9。

爱德华个人偏好测验 15 种需要的含义　　表 3-9

需要类型	代码	含义描述
成就	ach	希望做困难和有挑战性的事情，超越他人，完成困难的任务
顺从	def	按照上级的指示做事，做他人认为应该做的事情
秩序	ord	喜欢把事物安排得整齐有序，做事有计划、有条理
表现	exh	希望成为团体中的焦点，愿意讲述自己的经历和成就
自主	aut	希望能够自由行动，避免外在约束，按自己的方式做事
亲和	aff	愿意与人为友，表示忠诚，参与友好的团体
省察	int	喜欢分析自己和他人的动机与感受，观察和理解他人

续上表

需要类型	代码	含义描述
求助	suc	希望得到他人的帮助、鼓励、支持和安慰
支配	dom	希望控制自己的人际环境,影响和指导他人的行为
谦卑	aba	愿意接受他人的观点,承认自己的错误,接受责备
扶助	nur	愿意帮助朋友解决困难,对不幸的人表示同情和慷慨
变异	chg	喜欢新奇和变化,体验不同的事物,避免例行工作
持久	end	愿意坚持完成所开始的工作,努力克服障碍达成目标
异性恋	het	与异性交往,参与异性的活动和聚会
攻击	agg	攻击相反观点,告诉他人,你对他的真实想法,批评公开反对的人

爱德华选择了一些能够反映这些需要的题目来测试,将每种需要形成了一个分量表,所以爱德华个人偏好量表是由这 15 种需要量表和一个稳定性量表组成的,整个测验共有 225 对叙述组成的题目,其中有 15 个题目重复两次。在 15 个量表中,每个量表有 9 种叙述,这 9 种叙述轮流与其他需要叙述配对,对每种叙述重复 2 ~ 3 次,最终从成对的项目中选出最能描述自身的一项。

模块小结

个体因素是职业生涯规划的重要基础,主要包括能力、性格和兴趣三个方面。个体因素既是个人独特性的体现,也是职业选择和发展的重要依据。

能力是顺利完成某种活动的心理条件,包括一般能力和特殊能力、再造能力和创造能力、能力倾向和技能等不同类型。多元智能理论揭示了人类智能的多样性,为我们重新认识个体差异提供了科学视角。技能分为专业知识技能、可迁移技能和自我管理技能三类,其中可迁移技能和自我管理技能对职业成功具有更重要的意义。

性格是个人对现实的稳定态度和习惯化行为方式的体现。气质、性格和人格三者既有联系又有区别,其中气质是先天的、稳定的,性格是后天形成的、可塑的,人格是两者的综合体现。大五人格理论和 MBTI 性格理论为人们提供了认识和评估性格特征的科学工具。不同的性格类型适应不同的职业环境,个体了解自己的性格特点有助于作出更好的职业选择。

兴趣是个体对某种事物或活动的心理倾向,职业兴趣是兴趣在职业领域的具体体现。霍兰德职业兴趣理论将人的兴趣分为六种类型,并提出了相应的职业环境分类。职业兴趣对职业选择、能力发挥、工作满意度和职业稳定性都有重要影响。兴趣可以通过多种方法进行探索，也可以通过适当的方式进行培养和发展。

在进行职业生涯规划时，需要综合考虑能力、性格和兴趣三个方面的因素，寻求个体特征与职业要求的最佳匹配。同时，我们也要认识到这些因素不是静止不变的，可以通过学习和实践来不断发展和完善。只有深入了解自己的个体特征，才能作出明智的职业选择，实现职业生涯的成功发展。

课后训练

一、选择题

1. 能力与知识、技能的主要区别在于(　　)。

A. 能力是天生的，知识技能是后天习得的

B. 能力是顺利完成活动的心理特征，知识技能是活动的内容和方式

C. 能力比知识技能更重要

D. 能力不能改变，知识技能可以改变

2. 根据多元智能理论，最适合从事教师职业的智能组合是(　　)。

A. 语言智能 + 人际智能　　B. 逻辑智能 + 空间智能

C. 音乐智能 + 身体智能　　D. 内省智能 + 自然智能

3. 在大五人格理论中，(　　)维度最能预测工作中的责任心和自律性。

A. 外向性　　B. 宜人性　　C. 尽责性　　D. 开放性

4. MBTI 中的“J”和“P”维度主要反映个体的(　　)。

A. 能量来源方式　　B. 信息收集偏好

C. 决策依据　　D. 生活态度

5. 根据霍兰德职业兴趣理论，R 型和 S 型属于(　　)关系。

A. 相邻关系　　B. 间隔关系　　C. 相对关系　　D. 无关系

二、判断题

1. 一般能力就是智力，特殊能力就是技能。(　　)

2. 气质是先天的，无法改变，所以对职业选择没有影响。(　　)

3. MBTI 测评的结果表明了个体能力的高低。(　　)

4. 职业兴趣一旦形成就不会改变，所以要慎重选择。(　　)

5. 最理想的职业选择就是完全按照自己的兴趣来确定。(　　)

三、思考题

1. 结合多元智能理论，分析你的智能优势领域，并思考这些优势如何在未来的职业发展中得到发挥？

2. 通过对 MBTI 四个维度的分析，确定你的性格类型，并探讨这种性格类型的优势和局限性，以及适合的职业方向。

3. 运用霍兰德职业兴趣理论，分析你的兴趣类型，并结合具体案例说明兴趣对职业选择和职业发展的重要影响。

4. 从能力、性格、兴趣三个角度分析“课前导入”中三个年轻人成功的原因，说明个体因素与职业匹配的重要性。

5. 结合自身情况，制订一份个体因素发展计划，包括能力提升、性格完善和兴趣培养三个方面的具体措施和时间安排。

模块 4

职业生涯规划的环境认知

课前导入

猎豹与羚羊的故事

在非洲大草原上，每天早晨，羚羊睁开眼睛，所想的第一件事就是我必须跑得更快，否则就会被猎豹吃掉；而在同一时刻，猎豹睁开眼睛，所想的第一件事就是我必须跑得更快，否则就会饿死。于是，几乎是同时，羚羊和猎豹一跃而起，迎着朝阳跑去。

这个故事告诉我们，无论你是强者还是弱者，只有了解环境、适应环境，全力以赴，才能在这个世界上生存下去。对于即将步入职场的大学生而言，深入了解和认知各种环境因素，是制定科学职业生涯规划的重要前提。

思考：

从猎豹与羚羊的故事中，你认为环境认知对个人发展有什么重要意义？

学习目标

知识目标

(1)理解环境认知的内涵、意义和基本内容，掌握环境信息收集的渠道和方法。

(2)认识新时代的特点和发展趋势，了解未来职业发展的新特点和新要求。

(3)掌握环境认知的阶段性特征和动态发展规律。

技能目标

(1)能够系统分析和客观评估各类环境因素，具备环境信息收集、筛选和使用的技能。

(2)能够适应复杂变化的环境并识别把握环境机遇。

(3)能够将个人发展与环境要求相结合进行综合分析决策。

(4)能够运用环境认知结果指导职业规划和职业选择。

素质目标

(1)培养敏锐的环境洞察力和前瞻性思维，增强环境适应意识。

(2)树立科学的环境认知观念，形成客观理性的环境分析态度。

(3)增强时代责任感和使命感，自觉将个人发展融入时代发展大局。

(4)培养终身学习和持续进行环境认知的良好习惯。

思维导图

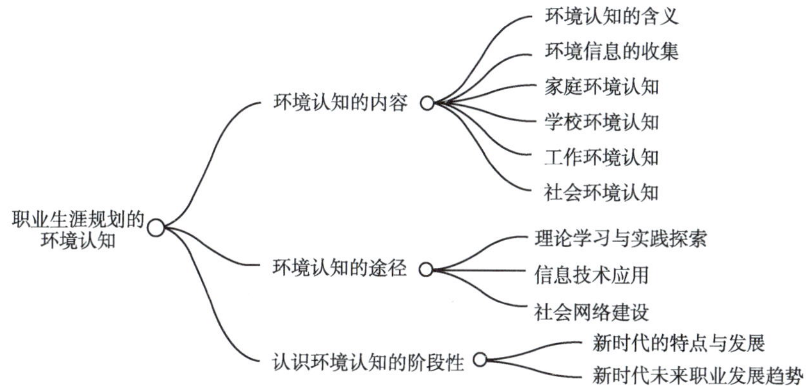

单元 1 环境认知的内容

一、环境认知的含义

环境认知是职业生涯规划中“知彼”的重要过程,实际上就是了解和分析与职业生涯发展密切相关的有关环境,以确定自己是否适应环境,以及如何调整自己以满足组织和社会需要的认知活动。一般而言,短期的职业生涯规划比较注重企业环境的分析,长期的职业生涯规划更多地注重社会环境的分析。环境认知的过程就是认识社会和认识职业的过程。

《孙子兵法 · 谋攻篇》曰:“知己知彼,百战不殆。”每个人都生活在一定的环境中,环境对于一个人的成长和职业发展有着重要的影响。因此在进行职业生涯规划时,在对自我分析之后,就必须对环境进行深入的分析和研究,要分析环境的特点,环境的发展变化,自己与环境的关系,自己在特定环境中的地位,环境对自己提出的要求或挑战,以及环境对自己的有利条件和不利条件等。只有对这些环境因素进行了充分了解,才能作出与环境相适应的职业生涯规划,才能做到在复杂的环境中趋利避害,使自己的职业生涯规划得以发展与实现。

环境认知不仅包括对现有环境状况的静态了解,更重要的是把握环境的发展变化趋势,分析环境变化可能给个人职业发展带来的机遇和挑战。通过环境认知,个体可以更清楚地了解不同环境对人才的具体要求,明确自己在特定环境中的优势和不足,从而有针对性地进行能力提升和职业准备。

二、环境信息的收集

有效的环境认知离不开准确、全面、及时的信息支撑。在信息化时代，个体可以通过多种渠道收集环境信息，关键是要掌握科学的收集方法。

(一)收集信息的渠道与途径

1. 通过各种就业市场收集信息

各类就业市场是了解就业环境的直接渠道，具体包括以下几类：高校毕业生就业部门举办的就业市场，高校之间联办的就业市场，分科类的专业就业市场，教育主管部门举办的大型就业市场，人才中介部门的人才市场，网上人才市场。通过参加这些市场活动，个体可以直接接触用人单位，了解行业发展状况、企业用人需求、职位要求等第一手信息。

2. 收集信息的其他途径

(1)互联网。互联网成为毕业生收集信息、求职择业的主渠道之一，已是不争的事实。目前，全国就业网站逾千家，提供了大量与求职相关的信息，如国家大学生就业服务平台、应届生求职网、前程无忧、中华英才网、智联招聘、自媒体等。这些平台不仅提供招聘信息，还有行业分析、职业指导、薪资调研等丰富内容。

(2)其他传播媒介。各类单位通过新闻媒介，如广播、电视、报纸、杂志、电话等工具介绍企业现状、发展前景及人才需求。特别是主管毕业生就业部门创办的杂志以及各高校的就业信息网站，都在毕业生求职择业的关键时期发布用人单位需求信息和招聘信息。各地的人才市场报、晚报等都开办了人才需求信息及招聘广告栏目。毕业生平时多加注意，肯定会获得自己感兴趣或有用的信息。

(3)社会实践活动。大学生在校期间，通过生产实习、毕业实习、参加社会服务等社会实践活动，不仅能使自己所学的知识直接应用于生产，为社会服务，而且可以开阔视野，还可以有意识地了解这些单位对毕业生的需求情况，对所需人员的素质要求等。实践活动是获得真实、深入环境信息的重要途径。

(4)就业服务机构。这里就业服务机构主要是指学校、人事局、劳动保障局的就业服务机构，如高校毕业生就业指导中心、人才市场、人才中介服务机构等。这些专业机构具有丰富的信息资源和专业的分析能力，能够提供权威、及时的环境信息。

(5)社会关系。整个社会其实是一个大家庭，大学生的亲朋好友分布在社会的各个领域、各条战线，由此形成了复杂的社会关系网。找工作是正大光明的事,正确利用这种社会关系网,通过关系网收集信息、推荐并推销自己,针对性强、可靠性高、成功率大。

(二)信息的筛选标准

在海量信息中筛选出有价值的内容,需要建立科学的筛选标准。

1. 可信性筛选

首先要确定信息的可信性。要把那些从“小道”得来或几经辗转而未经证实的信息与有根有据的信息区别开来,只有在作出正确判断之后,才能决定自己的下一步行动。要重点关注信息来源的权威性,优先选择来自政府部门、知名研究机构、行业协会、知名企业等权威机构的信息。

2. 有效性筛选

要对信息的有效性进行分析,看是否对自己有用。对搜集到的招聘信息,要按行业性质、职业性质、所在地区或归属、工种、工薪的高低以及对所需人员的限定条件、素质要求等进行筛选,并根据自己的能力和意愿作出切合实际的选择,顺利地走上职业岗位。

3. 时效性筛选

环境信息具有很强的时效性,过时的信息可能产生误导作用。信息筛选要重点关注信息的发布时间和更新频率,优先选择最新的信息。对于一些发展变化较快的领域,如互联网、金融等行业,更要注重信息的时效性。

(三)信息的使用

在使用环境信息时应遵循以下三个原则:发挥优势和学以致用的原则、面对现实和实事求是的原则、先就业后择业的原则。

在使用环境信息时应注意以下三个问题:注意信息的时效性,注意信息的广泛性,注意信息的准确性。

三、家庭环境认知

家庭环境分析指的是对家庭软硬环境的分析。家庭软环境是指笼罩着特定场合的特殊气氛或氛围,它诉诸人的内在情绪和感受,对人起着潜移默化的作用,是家庭生活中人与人之间相互联系时所形成的一种气氛,如家庭结构、教养方式等。家庭硬环境是指特定的物质条件,它是人得以发展的基础条件,如家庭资源、父母文化水平和职业状况等。每个人从出生伊始就受到家庭环境的影响,这种影响往往是多方面的、深远的,家庭环境会影响人的一生。

家庭环境对人的心态影响非常大,家庭经济状况、家庭文化、家人期望等都会对人的职业选择产生影响,进而影响个人工作和事业的发展。对家庭环境的了解和分析主要包括以下几个方面。

(一)家庭关系分析

家庭关系,即家庭成员之间的人际关系,包括姻亲、血亲及收养关系,主要为父母关系,父子、父女关系,母子、母女关系。和谐的家庭关系对个人性格的形成、价值观的建立、人际交往能力的培养都有重要影响。良好的家庭关系往往能够培养个体积极乐观的人生态度、良好的沟通协调能力和稳定的情绪控制能力,这些都是职场成功的重要素质。

(二)家庭生活环境分析

家庭生活环境包括城市还是农村,家庭成员的工作、爱好、性格、价值观等。不同的生活环境会形成不同的生活方式和思维模式。城市家庭往往注重教育投资和职业发展,农村家庭可能重视实用技能和稳定就业。了解自己的家庭生活环境有助于认识自己性格特点的形成原因,也有助于理解自己在职业选择上的倾向性。

(三)家庭经济状况分析

家庭经济状况包括父母的工作性质、家庭的收入水平、经济稳定性等。家庭经济状况直接影响个体的教育机会、视野开阔程度及对职业的期待。经济条件较好的家庭往往能够为个体提供更多的教育资源和发展机会,但也可能带来更大的期望压力;经济条件一般的家庭可能更注重实用性和稳定性,影响个体职业选择的倾向。

(四)家庭成员的受教育状况分析

家庭成员的受教育状况包括父母的文化程度、兄弟姐妹的受教育情况等。家庭的教育背景往往决定了家庭对教育的重视程度和对知识的态度,也影响着个体的学习动机和职业期望。高学历家庭往往更重视专业发展和职业成就,低学历家庭可能更注重实际技能和稳定收入。

(五)家庭成员健康状况分析

健康不仅包括身体健康,还包括心理健康。父母是否健康,是否有遗传性疾病,会对个人求职、就业产生一定的影响。家庭成员的健康状况不仅可能影响个体的身体素质,还可能影响个体的心理状态和责任承担,进而影响个人的职业选择和发展规划。

注意:在分析家庭环境时,要选择那些对自己职业选择有重要影响的因素,主要分析这些因素对自己性格、价值观、能力等的影响,对自己选择职业的影响。

四、学校环境认知

(一)大学与大学生活

大学是一种功能独特的文化机构,是与社会的经济和政治机构既相互关联又鼎足而立的传承、研究、融合和创新高深学术的高等学府。它不仅是人类文化发展到一定阶段的产物,它还在长期办学实践的基础上,经过历史的积淀、自身的努力和外部环境的影响,逐步形成了一种独特的大学文化。

大学生活是指读大学期间的生活。大学是知识的海洋,这里有浩瀚的图书资料和先进的仪器设备,能使大学生接触广博的知识,培养必要的专业技能,学习与人相处的方法。大学是学生从象牙塔走向社会的最后一站,是社会与校园的结合纽带,合理利用大学阶段的时间,让自己的大学生活变得充实、有梦想,对将来走向社会有很大的正面效应。

被尊称为"清华大学永远的校长"的梅贻琦先生曾言:"大学者,非谓有人楼之谓也,有大师之谓也。"大学聚集着众多学者和专家,他们精通本专业的基础理论,了解最新的学术成果,具有丰富的科研实践经验,熟悉教育教学的客观规律。在良师的指导下,通过系统的教学活动和严格的科学训练,大学生可以系统准确地掌握基础知识和专业知识,接近学科前沿,提高专业能力,尤其是专业创造能力。同时,通过耳濡目染,大学生能从良师那里学到做人的道理,培养良好的学风,接受人格的熏陶。

大学有浓厚的学习研究和成才的氛围。这里是知识创新、传播和运用的基地,是培养创新精神的摇篮,是接受人文精神和科学精神熏陶的园地。良好的学术风气,促进思想交流,陶冶品德操守,建设精神文明,是大学的灵魂所在。大学生可以在大学深入学习科学知识,广泛汲取各种新的思想和学术成果,不断提高自身素质,树立正确的世界观、人生观、价值观。

(二)大学生活与高中生活的区别

与高中生活相比,大学生活发生了显著的变化。

1.学习要求的变化

美国学者埃德加富尔在《学会生存》一书中指出:"未来的文盲将不再是不识字的人,而是没有学会学习的人。"

高中学习是被动的,大学学习是主动的。高中生基本上是围绕教师的安排、在教师的教育下一步步地学习。大学阶段的学习,知识的广度和深度大大增加,专业方向基本确定,需要大力发挥学习的主动性、创造性。大学阶段的学习要求大学生主动进行学习,"读万卷书,行万里路",把理论与实践相结合，不断地提高自己分析问题和解决问题的能力。

大学主要实行的是学分制，除了公共科目、学科基础课和专业课属于必修课，各专业还开设选修课，大学生可以根据个人兴趣和能力选修相关课程，自由支配的学习时间增多，学习的主动性大大增强。大学图书资料和各种信息丰富，获取知识的渠道更加多样化，熟练利用图书馆及互联网搜集资料和掌握信息成了大学生必备的学习技能。

课堂学习依然是大学生学习的主要途径，但已经不是学习的唯一方式。大学生的学习以自学为主，以课堂为辅。大学课程，教师在课堂上大都只讲重点。大学生要养成良好的学习习惯，做到提前预习。通过预习，发现课程重点和难点，了解课程的内在联系，掌握听课的主动权。

高中生的学习主要是知识的接纳，大学生的学习具有研究与探索的性质。高中生的学习主要是围绕高考指挥棒，因而学习的内容很多都是各种科学文化的基础知识，属于知识点的单方面传递，高中生所要做的仅仅是将教师传授的知识接纳过来，变成自己了解与记忆的知识点的汇集，很少涉及对于所接受知识的质疑或者再研究；而大学生的学习具有研究和探索的性质，不仅表现在需要完成学业和毕业论文，以及参加学术报告会上，而且表现在所学课程的内容上。

2. 生活环境的变化

高中生活以家庭生活为主，大学生活以集体生活为主。上高中的时候大部分学生住在家里，即使是住校的学生，每个月也能回家，这样会从父母那里得到更多的关爱，生活上的琐事不用太操心，与人的交流沟通能力显得不太重要。进入大学以后，大学生离开父母独立生活，许多大学生还远离家乡，衣食住行学等日常生活都要靠自己安排，一切问题都要依靠自己的力量处理。

3. 社会活动的变化

高中解决的问题是单一的，大学解决的问题是多样的。高中解决的主要问题就是考上理想大学。在高中阶段，只要学习成绩好，考上大学就算跑到终点了。而大学教育要解决的问题具有多样性。迈入大学校园，面临的是一个全新的学习环境，大学的学习已完全不同于高中。大学既要学专业知识，也要学专业外的知识；既要学习科学研究方法，也要学习实践操作；既要学做事，也要学做人。

进入大学后，党组织、团组织、学生会、班委会等组织活动增多；由志趣、爱好相同的同学自愿组织起来的各种学生社团的活动丰富多彩，大学生参加各种社会活动的机会大大增加。因此，大学生可以根据自己的特点和爱好、时间和精力积极参加各种活动,合理安排课余生活,锻炼组织和交往能力。

4. 评价标准的变化

在高中,学习成绩是评价一个学生的重要标准;在大学,评价标准却是多元的。进入大学后,特别是在重点大学,人才济济,高中的学习优势没有了,同学们又在一个新的起跑线上竞争。有的在社会工作上特别优秀,有的在文体方面特别优秀,有的动手能力强,有的科研能力强,不能以单一标准来判断孰优孰劣。

(三)学校环境的构成与特点

学校环境是指影响学生学习、生活和发展的各种校园要素的总和,包括物理环境、人文环境、学术环境和社会环境四个方面。

物理环境包括校园建筑、教学设施、实验室、图书馆、宿舍、食堂、体育场馆等硬件设施。良好的物理环境为学生提供了舒适的学习和生活条件,是开展各项教育活动的基础保障。

人文环境涵盖校园文化、校风学风、师生关系、同学关系等软环境要素。积极向上的人文环境能够陶冶学生情操,培养学生良好的品格,营造和谐的成长氛围。

学术环境指学校的学科建设水平、师资力量、科研氛围、学术交流等要素。浓厚的学术环境有利于激发学生的求知欲和创新精神,促进学生学术能力的提升。

社会环境包括各类学生组织、社团活动、实践平台、就业资源等。丰富的社会环境为学生提供了锻炼能力、拓宽视野、建立人际网络的多样化平台。

通过全面了解学校环境,学生能够更好地利用各种资源和机会,制订合适的学习计划和发展目标。同时,深入的环境认知有助于学生快速适应大学生活,减少适应期的困惑和焦虑,提高学习效率和生活质量。

五、工作环境认知

工作环境是一个人实现其职业理想的外部平台,更好地利用工作环境,实现理想,是职业生涯中很关键的一部分内容。环境认知的核心就是通过工作环境分析来制定个人的职业生涯规划。工作环境分析的内容包括以下几个方面。

(一)行业分析

行业或产业是指从事相同性质的经济活动的所有单位的集合。行业分类则是有规则地按照一定的科学依据，对从事国民经济生产和经营的单位或者个体的组织结构体系的详细划分。

《国民经济行业分类》国家标准于 1984 年首次发布，分别于 1994 年、2002 年、2011 年、2017 年四次修订。《国民经济行业分类》(GB/T 4754—2017)由国家统计局起草，国家质量监督检验检疫总局、国家标准化管理委员会批准发布，并于 2017 年 10 月 1 日实施。2017 年行业分类共有 20 个门类、97 个大类、473 个中类、1381 个小类。20 个行业门类具体如下：

A：农、林、牧、渔业

B：采矿业

C：制造业

D：电力、热力、燃气及水生产和供应业

E：建筑业

F：批发和零售业

G：交通运输、仓储和邮政业

H：住宿和餐饮业

I：信息传输、软件和信息技术服务业

J：金融业

K：房地产业

L：租赁和商务服务业

M：科学研究和技术服务业

N：水利、环境和公共设施管理业

O：居民服务、修理和其他服务业

P：教育

Q：卫生和社会工作

R：文化、体育和娱乐业

S：公共管理、社会保障和社会组织

T：国际组织

各行业本身所处的发展阶段及其在国民经济中的地位不尽相同，分析影响行业发展的各种因素，以及判断对行业的影响力度，预测行业的未来发展趋势，判断行业走向，可以为职业决策提供参考依据。相关统计数据显示，十大热门行业中，互联网・电子商务、计算机软件、计算机硬件・网络设备占据三甲，IT 服务、电子微电子、通信紧随其后，专业咨询服务、房地产、机械制造和证券期货基金也榜上有名。

行业分析主要分析行业发展现状及发展趋势、产业结构、行业结构与分类、行业对人员的要求等内容，在此基础上进行从业匹配分析，即自己是否适合从事这一行业，有哪些方面适合，哪些方面不适合。

（二）职业分析

1. 我国职业分类

1999 年，《中华人民共和国职业分类大典》颁布。进入 21 世纪以来，随着经济社会的发展、科技进步和产业结构调整升级，我国的社会职业构成和内涵发生了很大变化。

2022 年 7 月，新修订的《中华人民共和国职业分类大典（2022 年版）》颁布，这一版本是以《中华人民共和国职业分类大典（2015 年版）》为基础的修订版本。其中，职业分类结构为 8 个大类、79 个中类、449 个小类、1636 个细类（职业）。与 2015 版相比，其维持 8 个大类、增加了法律事务及辅助人员等 4 个中类，数字技术工程技术人员等 15 个小类，碳汇计量评估师等 155 个职业（含 2015 年版大典颁布后发布的新职业）。2022 年版大典的一个亮点是首次标注了 97 个数字职业（标注为 S）。沿用 2015 年版大典做法，标注了绿色职业 133 个（标注为 L）。2022 年版大典中，既是绿色职业又是数字职业的有 23 个（标注为 L/S）。

第一大类为“党的机关、国家机关、群众团体和社会组织、企业、事业单位负责人”，主要包括中国共产党机关负责人，国家机关负责人，民主党派和工商联负责人，人民团体和群众团体、社会组织及其他成员组织负责人，基层群众自治组织负责人，企事业单位负责人 6 个中类。

第二大类为“专业技术人员”，主要包括科学研究人员，工程技术人员，农业技术人员，飞机和船舶技术人员，卫生专业技术人员，经济与金融专业人员，监察、法律、社会和宗教专业人员，教学人员，文学艺术、体育专业人员，新闻出版、文化专业人员，其他专业技术人员 11 个中类。

第三大类为“办事人员和有关人员”，主要包括行政办事及辅助人员，安全和消防及辅助人员，法律事务及辅助人员，其他办事人员和有关人员 4 个中类。

第四大类为“社会生产服务和生活服务人员”，主要包括批发与零售服务人员，交通运输、仓储物流和邮政业服务人员，住宿和餐饮服务人员，信息传输、软件和信息技术服务人员，金融服务人员，房地产服务人员，租赁和商务服务人员，技术辅助服务人员，水利、环境和公共设施管理服务人员，居民服务人员，电力、燃气及水供应服务人员，修理及制作服务人员，文化和教育服务人员，健康、体育和休闲服务人员及其他社会生产和生活服务人员 15 个中类。

第五大类为“农、林、牧、渔业生产及辅助人员”，主要包括农业生产人员，林业生产人员，畜牧业生产人员，渔业生产人员，农、林、牧、渔业生产辅助人员，其他农、林、牧、渔业生产及辅助人员6个中类。

第六大类为“生产制造及有关人员”，主要包括农副产品加工人员，食品、饮料生产加工人员，烟草及其制品加工人员，纺织、针织、印染人员，纺织品、服装和皮革、毛皮制品加工制作人员，木材加工、家具与木制品制作人员，纸及纸制品生产加工人员，印刷和记录媒介复制人员，文教、工美、体育和娱乐用品制作人员，石油加工和炼焦、煤化工生产人员，化学原料和化学制品制造人员，医药制造人员，化学纤维制造人员，橡胶和塑料制品制造人员，非金属矿物制品制造人员，采矿人员，金属冶炼和压延加工人员，机械制造基础加工人员，金属制品制造人员，通用设备制造人员，专用设备制造人员，汽车制造人员，铁路、船舶、航空设备制造人员，电气机械和器材制造人员，计算机、通信和其他电子设备制造人员，仪器仪表制造人员，再生资源综合利用人员，电力、热力、气体、水生产和输配人员，建筑施工人员，运输设备和通用工程机械操作人员及有关人员，生产辅助人员，其他生产制造及有关人员32个中类。

第七大类为“军队人员”，包括军官（警官），军士（警士），义务兵，文职人员4个中类。

第八大类为“不便分类的其他从业人员”，包括不便分类的其他从业人员1个中类。

职业分析主要分析职业分类和结构，职业的特点与规律，不同职业的性质、特点、任务、工作环境、资格要求、能力要求、发展趋势、职业的含金量等，在此基础上进行人岗匹配分析，即判断自己是否适合这一职业的要求，有哪些方面适合，哪些方面不适合。

2. ACT 工作世界地图

工作世界地图（World-of-Work Map）是全球范围内应用最广泛的职业分类系统，由美国大学考试中心于1985年开发，可作为职业生涯规划的参考工具，用于评估个人的工作兴趣，让个人更清楚自己感兴趣的职业领域。

ACT 将职业分为6个职业门类、12个职业群、23个职业族。这些工作系列几乎覆盖了美国所有的工作。尽管每个工作系列中的工作都有它们自己不同的位置，但大多数都接近所给出的某一点。

ACT 工作世界地图的特点如下：

（1）根据数据-观念（Data-Idea）和人群-事物（People-Thing）两个维度、四个向度区分出四个主要分类象限。

①数据(Data):指文字、数字、符号等资料的收集、整理与归档等,使之有助于进一步分析和统整。数据性任务是不与人直接打交道的任务,它通过人来促进商品/服务的消费(如通过组织或传达事实、指示、产品等)。销售代理商、会计以及空中交通管制者的工作主要是与数据打交道。

②观念(Idea):指想法的启发、观念的传播、思考的运作、创意的发挥、真理的探究等认知历程。观念性任务是个人头脑中的工作,如创造、发现、解释和综合抽象概念或抽象概念的应用。科学家、音乐家和哲学家的工作主要是与观念打交道。

③人群(People):指和其他人的所有接触与沟通,包括了解、服务、协助或教导以及说服、组织、管理或督导等。人的任务是人际的任务,如看护、教育、服务、娱乐、说服或领导他人,是要在人类行为中引起一些改变,帮助、照顾人,为他们服务,提供信息,或卖东西给他们。教师、销售、服务等工作主要是与人打交道。

④事物(Thing):指处理物品、材料、机械、工具、设备和产品等与人或观念无关的实物。物的任务是与人无关的任务,如制造、运输、维修和修理。工匠、农夫和机械工的工作主要是与物打交道。

(2)与人有关的工作在西,与物体有关的工作在东。越往西,越要求与人进行交往;越往东,与人交往越少,而与物体打交道越多。智慧创意的工作位于南,要求喜欢思考、爱分析;朝北移,创意渐弱,强调秩序。于是,管理、理财的工作位于北。

(3)与霍兰德的人格类型理论有机联系起来。例如,从大类来说,社会服务类职业要求从业者具备社会型人格;管理和销售类职业要求从业者具备企业型人格。当然,更多工作属于交叉型工作,因此需要从业者具备多个方面的特点。

(三)组织分析

组织分析也就是对目标组织的分析,在对组织进行分析时,必须注意自己的发展要与组织的发展相一致,自己的生涯目标必须与组织的发展目标相吻合。也就是说,我们必须是组织所需要的人,组织也是我们所需要的组织。这是因为个人的发展与组织的发展是分不开的。个人只能在特定的组织内部工作,在特定组织内发展,只有组织发展了,个人才能发展。

组织分析主要分析目标组织的规模和组织结构;组织发展战略和发展前景;组织的制度;组织人力资源开发与管理状况,如人力资源需求、晋升发展政策、薪资和福利、教育培训、工作设施设备条件和工作环境、发展、组织文化、产品及其市场、员工素质、工作氛围、人际关系状况、招聘条件等因素,在此基础上进行人企匹配分析，即判断自己是否对该组织满意、认同，自己是否符合组织的要求，有哪些方面符合，哪些方面不符合。

1. 组织的发展战略

组织发展战略明确了组织的发展远景，明确了组织未来发展的重点和方向。这些发展远景、发展重点、发展方向预示了未来的人才需求。组织的未来人才需求就是个人职业生涯发展的目标。所以，在制定职业生涯规划时，要对自己目标组织的发展战略作重点分析。

一个组织的发展战略决定了一个组织的关键竞争优势，一个组织的关键竞争优势决定了一个组织对未来人才的整体要求，决定了什么样的人能够在组织内生存和发展，并且能够支持组织的生存和发展。不同的发展战略，对人才的能力及类型要求是不同的：成本领先发展战略的组织需求是高水平的管理人才；差异化发展战略需要较强创新能力的人才，如开发型人才、经营型人才、策划型人才等。

2. 组织文化

组织文化与生涯目标密切相关。不同的组织文化对人才要求不同，对人才类型要求也不同，所以大学生在制定职业生涯规划时要考虑组织文化的因素。

(1)适应性/企业家精神文化。这种类型的组织不只是快速地对环境变化作出反应，更要积极地创造变化，因此，具有这种文化的组织需要的人才要具备“开拓性”“创造性”“风险行为”的基本素质。

(2)使命性文化。这种类型的组织通过建立远景和传达一种对组织的期望状态来塑造员工的行为，并将这种“使命感”行为作为人才能力要素之一进行评价和奖励。

(3)小团体式文化。这种类型的组织强调实现团队绩效的优异和员工的参与与认同。参与和认同会产生一种责任感和所有权，然后对组织产生更强烈的认同。

(4)官僚制文化。这种类型的组织依赖高度整合性和高效率获得成功。“合作性”“服从性”以及“遵循成就”就成为组织所需人才的能力要素。

3. 组织的发展阶段

组织所处的发展阶段不同，对人才的需求也是不同的。所以，大学生在制定职业生涯发展规划时一定要考虑一个组织是处在发展阶段、稳定阶段还是退出阶段。

4. 组织的类别属性

不同的组织类别，不同的组织属性，对员工有不同的要求。例如，对于传统的机械加工组织,生产技术和手段较为规范化和程序化,对人才的需求是以熟练的技术工人为主;而一些进行新产品开发的高新技术,则需要技术创新的开发人才;中介性贸易公司需要商贸经营人才;经营型公司需要更多的是销售服务人才。同样,劳动密集型组织强调员工的体能,资本密集型组织强调员工的技术,而技术密集型组织强调员工的科研开发能力。

5. 组织管理类型

(1)制度型组织。制度型组织强调控制、一致性和确定性。这种组织结构复杂,变革速度慢。员工职业生涯发展强调在工作中掌握技能和取得进步,强调工作福利和保障。

(2)创业型组织。创业型组织变化较快,组织结构相对简单,成长速度也快,组织靠自身的成就来吸引人才,员工发展空间大,发展机遇较多,如网络公司、软件公司、信息服务公司等。

(3)小生意型组织。小生意型组织规模小,变化慢,如特许经营店、"夫妻店"等。在这样的组织中工作,大学生需要制定中长期职业生涯规划。

(4)灵活型组织。灵活型组织包括科研院所、咨询公司、技术推广公司等。它们通常采用引进人才和开发培养人才并重的人才发展战略,往往是以员工的职业生涯规划为手段,开发本组织所需要的人才。

(四)目标地域分析

不同的地域有着不同的文化、传统、习惯,不同的地域,其经济发展水平也不一样,在选择职业时,要选择自己喜欢的地区。

地域分析主要分析目标工作地区的发展前景、文化特点、气候水土、人际关系等,在此基础上进行人地匹配分析,特别要说明自己为什么要选择这个城市,而不是另外一个地方;目标地域为自己人生目标的实现提供了哪些机会,同时存在哪些威胁。

六、社会环境认知

作为社会的一员,无论从事何种工作,都要适应社会环境的变迁。适者生存,自然界万物如此,人也不例外。因此,对社会环境进行了解和分析是职业生涯规划的重要内容之一。社会环境分析的内容如下。

(一)国家的法规政策

对国家法规政策的分析尤其要分析国家的就业政策,主要包括国家的人事政策和劳动政策。它主要是指一个国家或地区的法律、法规、方针政策、经济管理体制、人才培养开发政策、人才流动有关规定等。这些政策直接影响就业市场的供求关系、人才流动的方向和速度，以及个人职业发展的机遇和约束条件。

（二）国家就业形势

国家就业形势主要包括国家整体就业形势和大学生就业形势。国家整体就业形势反映了经济发展水平、产业结构调整、劳动力市场供求状况等宏观因素。大学生就业形势则具体反映了高等教育与经济社会发展的适应程度、人才培养质量与市场需求的匹配度等问题。

（三）社会变迁

社会变迁会对人的职业生涯发展产生较大的影响，如知识经济和信息化社会的发展。社会变迁包括经济结构的调整、技术革命的推进、生活方式的改变、价值观念的更新等多个方面。这些变迁不仅创造了新的职业和就业机会，也可能导致某些传统职业的消失或转型，对个人的职业规划产生了深远影响。

（四）社会价值观

价值观会随着社会的不断发展和进步而发生不同程度的变化，人的需求层次在不断提高，由过去的生理、安全需求，上升为自尊及自我价值实现的需求，从而影响人对社会的认识和对职业的要求。当代社会价值观呈现多元化趋势，人们对成功的定义、对工作的期待、对生活的追求都在发生变化。

（五）科学技术的发展

科学技术的发展会带来理论的更新、观念的转变、思维的变革、技能的补充等，而这些都是职业生涯规划中不可或缺的要素。另外，科技的发展还会引起产业结构的调整，对职业的模式也会产生很大的影响。

（六）竞争对手的情况

了解目前我国高校毕业生的情况（人数、素质、就业去向等），他们的优势和劣势，与他们比较自己的优势和劣势表现在什么地方，自己有什么可以与他们竞争的能力。这种竞争对手分析有助于个体准确定位自己在就业市场中的位置，制定有针对性的能力提升策略。

（七）经济环境

经济环境对人的职业生涯发展也会产生影响，当经济发展非常景气时，百业兴旺，就业渠道、薪资提升和职业发展的机会就会大增；反之，就会使人的职业发展受阻。对经济环境的了解可以通过以下五个方面获得：经济改革状况、经济发展速度、通货膨胀率、经济建设状况、国际贸易状况。

小贴士

社会环境认知是一个复杂的系统工程，需要关注多个层面的信息。在进行社会环境认知时，要注意信息的准确性和时效性，同时要学会从宏观趋势中把握个人发展的机遇。重要的是要建立长期的环境观察习惯，定期更新对社会环境的认知。

单元 2 环境认知的途径

一、理论学习与实践探索

环境认知能力的培养需要理论与实践相结合。理论学习为环境认知提供了科学的方法和框架，而实践探索则验证和丰富了理论知识。

（一）系统的理论学习

大学生应该系统学习经济学、管理学、社会学等相关理论，掌握环境分析的基本概念、原理和方法。通过理论学习，大学生可以建立科学的认知框架，提高分析问题的能力。经济学理论帮助大学生理解宏观经济环境和市场机制；管理学理论有助于大学生分析组织环境和企业发展；社会学理论则为大学生提供了理解社会变迁和文化环境的工具。

（二）多样化的实践活动

实践是检验和发展认知的重要途径，大学生应该积极参与各种实践活动。

（1）专业实习。通过专业实习直接接触行业环境，了解职业要求和工作内容。实习不仅提供了实践经验，还能够验证专业学习的成果，发现理论与实践的差异。

（2）社会调研。通过系统的社会调研了解社会环境的变化趋势。调研活动能培养大学生信息收集、分析和总结的能力，能提高其对复杂环境的理解能力。

（3）志愿服务。志愿服务活动为大学生提供了接触不同社会群体和社会问题的机会，有助于大学生理解社会环境的多样性和复杂性。

（4）创业实践。创业实践活动有助于大学生深入理解市场环境、政策环境和创新环境，培养敏锐的环境洞察力。

二、信息技术应用

在信息化时代,有效利用信息技术是提高环境认知效率的重要手段。

(一)大数据分析

大数据技术为环境认知提供了新的工具和方法。通过对海量数据的分析,可以发现环境变化的趋势和规律,为个人决策提供数据支撑。例如,通过分析就业数据可以了解行业发展趋势,通过分析薪资数据可以把握职业发展前景。

(二)人工智能应用

人工智能(AI)技术在信息筛选、模式识别、趋势预测等方面具有独特优势。利用AI工具可以快速处理大量环境信息,识别重要的变化信号,提高环境认知的准确性和时效性。

(三)移动互联网平台

移动互联网平台为我们提供了便捷的信息获取和交流渠道。通过专业App、社交媒体、在线课程等平台,可以随时随地获取最新的环境信息,与行业专家和从业者进行交流。

三、社会网络建设

社会网络是获取环境信息和机会的重要渠道,建设和维护良好的社会网络对环境认知具有重要意义。

(一)专业网络建设

建立与自己专业和兴趣相关的专业网络,包括同专业的师生、行业专家、从业者等。通过专业网络可以获得行业内部的信息,了解专业发展的最新动态。

(二)跨界网络拓展

现代社会各行业之间的关联性越来越强,跨界网络有助于获得更广阔的视野和更多的机会。建立与不同行业、不同背景人员的联系,有助于发现跨界合作的机会。

(三)线上线下结合

充分利用线上和线下资源建设社会网络。线上平台如LinkedIn(领英)、微信群、专业论坛等提供了便捷的交流渠道。线下活动如会议、讲座、聚会等提供了面对面交流的机会。

单元 3　认识环境认知的阶段性

一、新时代的特点与发展

党的十九大报告指出："中国特色社会主义进入了新时代，这是我国发展新的历史方位。"党的二十大报告指出："从现在起，中国共产党的中心任务就是团结带领全国各族人民全面建成社会主义现代化强国、实现第二个百年奋斗目标，以中国式现代化全面推进中华民族伟大复兴。"进入新时代的中国，日益走近世界舞台的中央，标志着中国的发展状态、发展趋势、发展愿景与世界潮流同向同势，相互交织、相互激荡，中国深刻改变着世界，世界也深刻影响着中国。

（一）新时代与新格局

进入新时代以来，国际国内形势发生了深刻的变革，世界局势面临"百年未有之大变局"。一方面，经济全球化作为一种客观趋势，正将世界变成一个互联互通的"地球村"，社会生产的资源和要素在全球范围内流动；另一方面，随着经济全球化催生的经济、政治、社会和文化等的全面大变化，政治多极化、文化多样化、社会信息化更加深入发展，国际形势和世界格局正在发生深刻变化，人类正面临着一系列重大变化，这种变化不仅表现为经济的发展和社会的转型，也涉及思想文化价值层面的变革。

生产力的革命是一切社会变迁和政治变革的终极原因。当前，互联网、人工智能、大数据、量子信息、生物技术等新一轮科技革命和产业变革正在积聚力量，催生了大量新产业、新业态、新模式，给全球发展和人类生活带来了翻天覆地的变化，使人类社会发展面临着空前的机遇和挑战。

毫无疑问，日益走近世界舞台中央的中国正是其中的一个关键变量，中国的新时代与世界历史大时代的深刻变化交汇在一起，中国与世界的关系发生了前所未有的深刻变化。中国的经济体量已居世界第二位，对世界经济增长的贡献有了前所未有的增长，在全球发展中的作用有了前所未有的提高，中国的综合国力、中国的国际地位都达到了历史的高峰，中华民族正以崭新的姿态屹立于世界的东方。

（二）新时代与新征程

现代化是生产力发展进步的客观结果，也是人类社会发展的必然趋势。

一个国家的现代化程度在很大程度上反映了国强民富的程度。

近代以来，中国一代代志士仁人梦寐以求的夙愿和不懈奋斗的追求就是通过走现代化之路实现国强民富。中国自近代以来的现代化进程屡屡被帝国主义列强和反动势力所阻断，中华人民共和国成立之后，中国才真正开启了实现现代化的征程。在中国共产党人和中国人民艰苦卓绝的奋斗下，中国用几十年时间走完了发达国家几百年走过的工业化历程，在实现现代化的道路上迅跑，中国共产党和中国人民使诸多不可能成为可能。

进入新时代，中国的现代化建设已处于物质文明和精神文明、物质力量和精神力量、物质生活和精神生活全面协调推进的历史新起点，处于由量的积累到质的提升的历史新起点，新型工业化、信息化、城镇化、农业现代化深度融合、同步发展，国家治理体系和治理能力现代化强势推进，中国赢得全面建成小康社会的胜利，并在此基础上，开启了全面建设社会主义现代化国家的新征程。

（三）新时代与伟大梦想

实现中华民族伟大复兴，是近代以来中华民族最伟大的梦想，是中国共产党人始终不变的追求。新时代，就是实现中华民族伟大复兴的决胜时代。

中华民族创造了灿烂瑰丽的文明形态，曾长期走在世界前列。但近代以来，由于西方列强的入侵和统治阶级的没落，中国陷入内忧外患的黑暗境地，国家积贫积弱。只有创造过辉煌的民族，才懂得复兴的意义；只有历经过苦难的民族，才对复兴有深切的渴望。新时代，中国人民和中华民族在历史进程中积累的强大能量已经充分爆发出来，汇聚为实现中华民族伟大复兴势不可挡的磅礴力量。新时代，中国比历史上任何时期都更接近中华民族伟大复兴，比历史上任何时期都更有信心、有能力实现中华民族伟大复兴。

二、新时代未来职业发展趋势

职业发展与科学技术发展、经济模式变化、市场竞争程度、社会进步快慢、生活水平提高等因素有关。这些因素的变化必将催使一些新的职业产生，一些旧的职业消失或转型。这些因素的变化是有一定规律的，通过对这些因素变化规律的分析，可以预测未来各种职业的发展趋势。大学生要根据职业发展趋势选择自己的职业，调整自己的职业生涯发展方向。

（一）未来职业发展的特点

职业自产生以后就随着社会生产力的进步和社会分工的发展而不断发

生变化。随着科技的高速发展，尤其是工业4.0所带来的智能化时代的到来，新旧职业的变迁速度越来越快。职业的发展趋势呈现出以下特点。

1. 社会职业种类越来越多

每天有新职业产生，每天有旧职业消失或转型，这是当代社会不可否认的现实。职业的交替反映了社会的变迁，职业的沉浮体现了科技的发展，对此我们必须引起重视。随着社会分工的发展和职业的分化，职业已远远超过"三百六十行"，据有关资料介绍，全世界职业种类有20000～30000种。

2. 知识型职业需求不断增加

随着知识经济的发展，知识将取代权力和资本，成为最重要的经济力量，以知识为基础的产业在国民经济产业结构中将占据很大的比例，也需要为之提供大量的专业技术人才，许多热门行业、热门职业已经凸显了这一趋势。

3. 由单一基础向跨专业、复合型转化

从目前招工、就业的情况来看，职业岗位的要求和劳动方式逐步由简单向复杂转化，过去单一技能就能胜任的工作，现在往往需要相关专业的许多知识和技能，更多需要跨专业和复合型人才。例如，许多职业都要求从业人员具备一定的英语能力和计算机技能。

4. 由封闭型向开放型转化

随着改革开放的深入，职业岗位工作的范围和面向的服务对象越来越广泛，接收信息的渠道更加多样化，人们相互之间的交往和协作大大加强。这种开放性体现在职业岗位工作的性质上，即增加了一些以人与人之间联络、沟通、信息咨询和交易为表现形式的内容。例如，许多职业都需要借助互联网从事职业活动。

5. 由传统工艺型向信息化、智能型转化

传统工艺型职业在科技含量上相对滞后，在技术更新速度方面比较缓慢，有时跟不上时代前进的步伐。生产力发展的关键之一是增加职业岗位科技含量，改善劳动组织和生产手段，提高劳动生产率。随着信息技术的发展，机器人正在不断取代人的位置，能熟练应用信息管理方法的智能型操作人员是今后职业岗位更新、工作内容更新需要的新型人才。

6. 由继承型向知识创新型转化

知识经济的到来，要求社会成员不断树立创新意识，在自己的职业岗位上进行创造性劳动。今后只有创造型人才才能更好地胜任岗位职责。例如，舞台灯光设计师、个人形象设计师等职业，这些工作中大部分都具有创造性。

7. 服务型职业向知识技能化发展

未来的新职业会越来越多地出现在服务部门,特别是与健康、通信和计算机相关的行业。第三产业在劳动者数量增加的同时,对从业人员质量的要求也在不断提高,从而产生了知识型服务型职业,而且是吸纳社会劳动力的主要渠道。例如,传统的职业介绍演变为职业指导或猎头服务,实际上是由原来的简单提供信息或中介服务发展为利用知识提供信息咨询服务。

(二)有发展前景的行业和职业

中国工业升级、新业态生长为求职者提供了广阔的就业市场,新职业将为新生代青年群体创造更好的就业机会。从毕业生人数来看,2022 年高校毕业生人数为 1076 万,2023 年高校毕业生人数 1158 万,2024 年高校毕业生人数为 1179 万,2025 年高校毕业生人数为 1222 万。

相对于传统行业,近年来,5G、大数据、物联网、人工智能等新技术广泛应用,创造了大量就业岗位。在就业机会方面,互联网和数字经济领域,以及经济发达城市和重点城市群,为毕业生提供了主要的就业机会。随着新质生产力的发展,市场对高素质人才的需求日益增加。

有关机构根据全国各类专业协会的相关统计资料,对我国未来急需人才进行了分析和预测。分析结果认为,21 世纪的主导职业包括会计、计算机、软件开发、环境保护、中医与保健医药学、咨询服务、保险、法律、老年医学、家庭护理与服务、公关、市场营销、生化技术、心理学、旅游、人力资源管理等 16 个行业。

1. 会计类

随着社会经济的发展和财务管理规范化,国家机关和企事业单位对会计的需求数量也大大提高。会计将成为各行各业中的一个热门专业,社会地位和收入也较高。该行业的从业者有助理会计师、会计师和高级会计师等不同职称或专业资格认证的专业人才,一般要求是会计学、财务管理、统计学等专业学生,并通过国家相应等级的会计师资格考试,获得会计师上岗的各种资格证书。

2. 计算机类

随着计算机技术的发展,计算机设备的应用成为社会各行各业工作的重要组成部分,需要配置部分计算机技术人员从事计算机软硬件方面的安装、调试和维护工作。因此,各行业对计算机技术方面的专业人才的需求也越来越大,待遇也比较优厚。这些行业需要的专业人才包括计算机软件工程师、程序员、网络管理员、系统维护专家及数据管理人员等。

3. 软件开发类

计算机技术的普及促进了计算机软件业的飞速发展，软件开发成为计算机行业的重要开发领域，软件开发人员已成为软件开发业的热门人才。软件开发人员主要从事操作系统、开发工具、应用软件等计算机软件的开发工作，要求具有计算机软件专业或相关的学历、学位，并且具有一定的软件开发经验。

4. 环境保护类

随着全球环境污染的加重和国家与公众环保意识的增强，社会对环境保护类专业的人才需要将呈直线上升趋势。环境保护等方面的工作需要环境科学、地理学、生物学、环境化学、环境工程学等方面的专业人才。

5. 中医与保健医学类

改革开放以来，我国的人均收入和生活水平有了大幅度的提高。人们对自己的生活状态和健康状况越来越关注，健康医学也应运而生，医学保健的市场也越来越大，中医与健康保健医学成为一个受大众关注的领域。

6. 咨询服务类

信息的获取已经成为科学技术发展和商业运作的关键环节，社会分工的精细化和专门化促进了信息咨询和相关咨询行业的发展，并成为社会发展和进步的一个主导职业。目前社会上的咨询行业有企业咨询、心理咨询、信息咨询、教育咨询等。

7. 保险类

社会经济结构的变化和各种不可预期的因素给人的工作和社会生活带来了很多不确定的因素，这就需要完善的社会保障体系。社会保障体系不断完善促进了保险业的发展，保险业的发展将人们生活中不确定因素造成的损失降低到了最小的程度。

8. 法律类

随着社会的发展和进步，法律法规也在不断健全和完善，国家颁布的各种法律法规将越来越多、越来越详细。一般的老百姓对众多的法律条文不可能了解得很清楚，从事司法工作的机构需要高素质、高学历的法律人才。律师在社会上的需求量将越来越大，律师将成为一个高智力、高社会地位和高收入的职业。

9. 老年医学类

人口老龄化是全世界面临的一个严峻问题。随之而来的就是老年人的医疗、社会保障、心理问题等一系列社会问题，其中老年医疗和保健是最突出的，社会将急需医学、老年医学、健康保健和护理等方面的专业人才从事老年人医疗保健事业。

10. 家庭护理与服务类

社会生活和工作节奏的加快使家庭成员的压力加大，照顾病人、老人和孩子成为年轻父母的沉重负担，家庭护理的需求量也因此大大提高。相关的热门人才为幼儿教师和家庭服务人员，这类人员通常不需要很高的学历。但是，这个行业的管理者则需要具备社会服务、管理学等方面的学历或学位。

11. 公关类

公关和企业形象设计对一家公司或企业的发展是至关重要的，公关因此成为极有发展前景的职业。该职业的从业者一般需要获得公共关系类专业、社会服务类专业、经济贸易类专业、工商管理类专业的学位，并具有相关的工作经验。

12. 市场营销类

市场营销是企业产品销售中的一个非常重要的环节，在当今和未来社会发展中，产品的独立经销商和销售网络的建立将成为企业运作的主要形式。承销商和销售网络同时负责为公司提供广告宣传及相应的技术或销售服务。

13. 生化技术类

生化技术即生物化学和生物技术，是近些年来科学研究和技术开发的一个热门领域，该领域在生物制药、保健品开发、治疗疑难病症的药品研制、人工蛋白质的合成等方面具有巨大的发展潜力。

14. 心理学类

心理学作为一门新兴的学科，已经得到政府部门、社会各行业的广泛关注和重视，并在社会各领域得到了广泛应用。例如，市场研究、人力资源开发、心理咨询与心理治疗、学习障碍的矫正、教育、心理学研究、人机交互作用的研究等，均需要大量的心理学人才。

15. 旅游类

21 世纪旅游业迅速发展，人们在旅游方面的消费将大幅度提高，对旅游公司的需求也将大幅度增加，同时将带动相关产业的迅速发展，如航空公司、出租车公司、客轮公司、商业、宾馆、工艺品业、餐饮业等，从而创造较多的就业岗位。旅游业的发展将促进社会经济的全面发展，旅游业也将成为国家重点开发的产业之一。

16. 人力资源管理类

未来社会的竞争是人才的竞争，谁拥有人才谁就将在激烈的竞争中立于不败之地。人力资源管理也因此备受国家机关、企业、事业单位的重视，并成为政府机构和企事业单位的重要职能机构。未来社会的发展对人力资源管理专家的需求也将不断增加。

从上述介绍中我们可以看出，21 世纪中国社会的主导职业绝大多数是技术含量高、市场需求量大的新兴职业。

模块小结

环境认知是职业生涯规划中“知彼”的重要过程，是指个体系统了解、分析和评估与职业发展密切相关的各种环境因素的认知活动。通过环境认知，个体可以准确定位发展方向、识别机遇和挑战、制订可行计划、增强适应能力。

环境认知的内容包括家庭环境、学校环境、工作环境和社会环境四个主要方面。家庭环境认知涉及家庭结构、经济状况、文化背景、教育理念等因素，这些因素对个人的价值观念、性格特征和职业倾向产生了深远影响。学校环境认知包括大学的办学理念、专业设置、师资力量、校园文化等要素，大学生活的变化要求学生适应新的学习方式、生活环境和评价标准。工作环境认知涵盖行业分析、职业分析、组织分析和地域分析等维度，这是环境认知的核心内容。社会环境认知包括政治、经济、文化、技术等宏观环境因素，为个体提供了更为宏观的发展视角。

环境认知的途径主要包括理论学习与实践探索、信息技术应用、社会网络建设等方面。有效的信息收集需要运用多种渠道，包括传统媒体、网络平台、就业市场、社会实践、专业机构和社会关系等。信息筛选要重点关注可信性、时效性、相关性和全面性。信息使用要遵循发挥优势和学以致用、面对现实和实事求是、动态调整和持续更新等基本原则。

环境认知具有明显的阶段性特征，一般经历探索期、确立期和发展期三个主要阶段。每个阶段都有其独特的认知特点和发展任务。大学阶段处于探索期，具有广泛性与浅层性并存、理想性与现实性冲突、依赖性与独立性转换等特征。

新时代背景下，职业发展呈现出新的特点和趋势。社会职业种类越来越多，知识型职业需求不断增加，职业发展向跨专业复合型、开放型、信息化智能型、知识创新型转化。未来有发展前景的行业主要集中在高新技术、现代服务业、健康医疗、环境保护等领域。

环境认知是一个持续发展的过程，需要个体保持开放的心态，不断学习新的认知方法，建立科学的认知框架。在快速变化的时代背景下，环境认知能力已成为个人核心竞争力的重要组成部分，对于实现科学的职业规划和可持续的个人发展具有重要意义。

课后训练

一、选择题

1. 环境认知在职业生涯规划中属于（　　）过程。

A. 知己　B. 知彼　C. 抉择　D. 行动

2. 下列不属于家庭环境认知内容的是（　　）。

A. 家庭经济状况　B. 家庭文化背景

C. 行业发展趋势　D. 家庭职业传统

3.《中华人民共和国职业分类大典（2022 年版）》将职业分为（　　）个大类。

A. 6　B. 7　C. 8　D. 9

4. 在信息筛选过程中，最重要的评估标准是（　　）。

A. 可信性　B. 时效性　C. 相关性　D. 全面性

5. 下列（　　）不属于新时代职业发展的特点。

A. 社会职业种类越来越多

B. 知识型职业需求不断增加

C. 传统工艺型职业将完全消失

D. 由单一基础向跨专业复合型转化

6. 大学阶段环境认知的特点不包括（　　）。

A. 认知视野快速拓宽　B. 认知方法逐步科学化

C. 认知内容日益专业化　D. 认知能力完全成熟

7. ACT 工作世界地图主要根据（　　）两个维度进行职业分类。

A. 数据-观念和人群-事物　B. 理论-实践和个人-集体

C. 传统-现代和国内-国际　D. 技术-管理和服务-生产

8. 环境认知的发展阶段不包括（　　）。

A. 探索期　B. 确立期　C. 发展期　D. 完善期

二、判断题

1. 环境认知只需要了解当前的环境状况，不需要关注未来趋势。（　　）

2. 家庭环境对个人职业选择的影响是长期和深远的。（　　）

3. 大学生活与高中生活相比，在学习要求、生活环境、社会活动、评价标准等方面都发生了显著变化。（　　）

4. 社会关系网络是获取环境信息的重要渠道之一。 ( )

5. 环境认知是一次性的活动，完成后就不需要再更新。 ( )

6. 未来职业发展的趋势是由传统工艺型向信息化、智能型转化。 ( )

7. 大学生的环境认知内容应该越全面越好，不需要重点关注某些领域。 ( )

三、简答题

1. 简述环境认知的含义和意义。

2. 家庭环境认知主要包括哪些内容？

3. 大学生活与高中生活相比发生了哪些主要变化？

4. 简述工作环境认知的主要内容。

5. 新时代职业发展有哪些主要特点？

四、思考题

1. 结合《猎豹与羚羊的故事》，论述环境认知对个人职业发展的重要意义，并分析如何在快速变化的环境中保持竞争优势。

2. 分析大学生进行环境认知时容易出现哪些问题，并提出相应的解决策略。

3. 以你感兴趣的某个行业为例，设计一个完整的行业环境认知方案，包括信息收集渠道、分析方法和评估标准。

4. 分析新时代背景下环境认知面临的新挑战和新机遇，探讨大学生应该如何适应这些变化。

5. 论述新时代大学生的使命担当，并结合个人实际谈谈如何在职业生涯规划中体现时代责任。

模块 5

职业路径设计与规划

课前导入

沙漠中的比塞尔人

非洲西撒哈拉沙漠深处，有一片与世隔绝的绿洲——比塞尔。在 20 世纪初西方探险家肯·莱文发现它之前，这里世世代代的人尝试过很多次，但没有一个人走出过沙漠。

比塞尔人为什么走不出沙漠？肯·莱文感到非常奇怪。他做了一个试验，自己跟随比塞尔人，按照他们的路线尝试走出沙漠，经过十天的行程，结果他们又回到了比塞尔。

通过试验，肯·莱文终于明白了，比塞尔人之所以走不出沙漠，是因为他们根本就不认识北斗星，缺乏目标的引导和激励。

在一望无际的沙漠里，没有目标的引导，就会迷失方向。肯·莱文在离开比塞尔前，告诉一名叫阿古特尔的比塞尔小伙，只要白天休息，夜晚朝着北斗星方向走，就一定能走出沙漠。阿古特尔照着去做了，三天之后果然走出了大沙漠。阿古特尔因此成为比塞尔的开拓者，他的铜像被立在比塞尔城的中央，铜像的底座上刻着一行字：新生活是从选定方向开始的。

思考：

从比塞尔人的故事中，你能体会到明确的职业目标对人生发展的重要意义吗？在你的职业生涯规划中，什么是你的“北斗星”？

学习目标

知识目标

(1)掌握影响职业目标设定的主要因素和分析方法。

(2)理解职业生涯目标确立的原则、方法和基本流程。

(3)了解大学生学业计划的制订原理和实施要点。

(4)掌握职业生涯规划书的撰写步骤、内容框架和注意事项。

技能目标

(1)能够分析个人与环境因素对职业发展的影响。

(2)能够运用科学方法确立符合实际的职业发展目标。

(3)能够制订大学学业计划和职业能力提升方案。

(4)能够独立撰写完整、实用的个人职业生涯规划书。

素质目标

(1)树立科学规划职业发展的理念和长远眼光。

(2)每日把评估、检验、考核的结果记入日记,并作为评估的依据。

(3)填写“目标管理与自我激励工作手册”作为定期考查的依据。

(4)把每天的日记结合“目标管理与自我激励工作手册”进行评估。

(5)通过评估改进学习方法,提升工作效率,完善生活安排,修订职业生涯规划。

5. 评估原则

(1)评估要有预见性。

评估,不仅仅是对过去的评估,更重要的是对未来内外环境的评估和预测。做不到这一点,其后进行的职业生涯规划的修订很可能是徒劳无功。

(2)评估要有准确性。

评估是为了对不足进行改进,对错误进行修正。倘若评估不准确,后果将不堪设想:或因此而误导人生、步入歧途,最终走向失败;或因此而遭遇险阻、多走弯路,延误了成功的时机。

6. 评估结果处理

(1)如果达到目标,自我激励。自我激励措施如下:为了使自己能够一直保持较高的学习和工作热情,更好地完成目标管理,从而实现目标,在结合外部的各种激励措施之外,采用有效的自我激励措施,会使激励达到最高效用,如图 5-1 所示。

目标设定→努力行动→结果评估→自我激励→新目标设定

图 5-1　自我激励机制示意图

(2)如果达不到目标,就需进行详细分析,改进方法和提高效率,修正目标。经过对职业生涯的管理、评估与修正,使职业生涯规划更具科学性、合理性、可操作性。对职业生涯的管理、评估与修正能使自己随时把握自己职业生涯的正确方向,从而把握自己的命运。

拓展阅读

瞄准职业规划的跳槽

跳槽是职业人改变现状的有力武器,但它又是一把双刃剑。成功的跳槽能帮我们摆脱困惑,改变现状,发现和把握更好的机会;而不当的跳槽,会使人从这个困惑跳入另外一个困惑。因此,跳槽是一门学问,我们需要慎重规划和经营每一次跳槽。

成功的职业改变——跳槽,应该注意以下几方面。

1. 现状分析

理性分析自己以往的职业表现,包括成功的和不成功的、喜欢的和讨厌

(2)培养主动探索和自我发展的意识。

(3)形成系统思维和目标导向的行为习惯。

(4)增强职业生涯自主管理和持续优化的能力。

思维导图

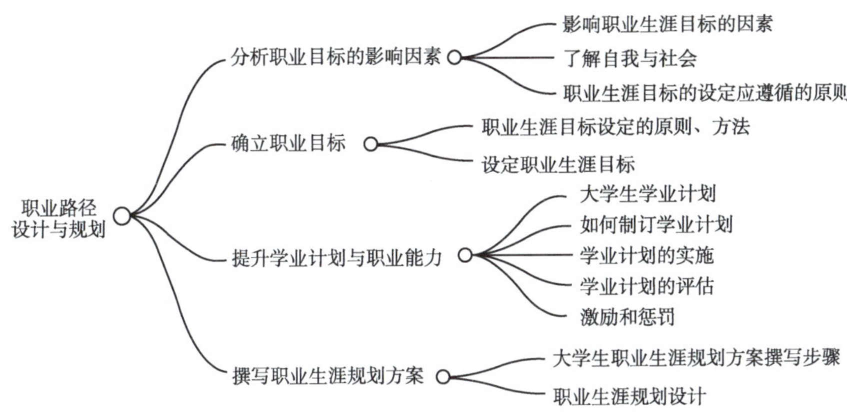

单元 1　分析职业目标的影响因素

职业生涯目标是指个人未来在选定的职业领域所要达到的具体目标。职业生涯目标的设定,简明地说就是明确自己想成为一个什么样的人,是选择在行政管理上达到某一级别,担任某一职务,还是从事某一专业工作,达到某一个职称,成为某一领域的专家等。无数的事例证明:凡成功者都有明确的职业目标,没有明确职业目标的人,很难成功。

对个人而言,职业生涯将贯穿人的一生,个人或处于职业准备阶段,或处于职业选择阶段,或处于职业工作阶段,或处于职业结束阶段。在不同的阶段,每个人的职业因受各种不同因素的影响而处于各种截然不同的状态。

一、影响职业生涯目标的因素

影响大学生职业生涯目标设定的因素有个人素质、心理等主观因素,也有社会环境、机遇等客观因素。对于某些大学生来说,他们所喜欢的职业或许正好需要一些他们并不具备的能力;对于某些大学生来说,他们所受的教育和所学专业并非自己的兴趣和爱好所在;某些大学生则被自身的健康状况束缚了职业选择等。大学生进行职业生涯规划时,需要仔细考虑影响自己职业生涯的每一个因素。

（一）身心状况

身心状况因素主要是指个人的身体和心理状况与职业对其要求的特点是否适应的问题。身心健康对职业选择特别重要，几乎所有的职业都需要健康的身心。职业适应也与身心有着很大的内在联系，有的职业有视力、身高、体重方面的要求，有的职业要求反应敏捷，有的职业要求耐心、细心，有的职业要求不断创新，有的职业需要按照程序不断重复操作等。

（二）教育程度

良好的教育是事业成功不可缺少的条件，教育程度是影响职业生涯的一个重要因素。教育是赋予一个人才能、塑造人格、促进个人发展的活动。获得不同教育程度的人，在个人职业选择或被选择时，具有不同的能量和作用，一般来说，接受过较高水平教育的人，在就业以后会有较大的发展，在职业不如意时，再次进行职业选择的能力和竞争力也较强。个人所接受教育的专业、学科门类及层次，对职业生涯起着决定性作用，个人在选择职业、转换职业时往往与所获得的学历层次、所学专业有一定的联系。在职业生涯规划时，大学生可根据自己的学历、职业资格、接受职业培训等情况，合理地给自己的职业定位，确立职业的起点、发展历程和发展目标。

（三）家庭负担

家庭负担是对家人、对社会及对财务状况所承担的责任。任何年满 18 周岁的成年人必定会受各种责任和义务的束缚。家境的优劣也是影响职业生涯规划不可忽略的要素。家庭负担重的人，家庭责任给他的就业压力大，迫切性增强，甚至会改变其原来规划好的职业目标。因此，大学生在职业生涯规划时，必须考虑家庭负担状况，平衡道德与理想之间的关系。

（四）性别因素

虽然男女平等的观念已普遍被现代社会接受，但传统的或生理的“性别因素”仍然在职业中起着不可忽视的潜在作用。因此，在进行规划职业生涯和求职时，大学生要做好充分的思想和心理准备，选择与性别相适应的、与理想相统一的职业，以便充分发挥性别的作用，使自己走向成功。

（五）社会环境

社会环境主要是反映社会政治、经济体制、人才市场的管理体制、社会文化习俗、职业的社会评价等。社会环境因素决定了社会职业岗位的数量、结构、层次等，社会环境因素决定了大学生对不同职业岗位的接受、赞誉或贬低的程度，决定了大学生步入职业生涯的基本方式、开始职业生涯后的基本态度以及由此引起的职业生涯的变化。比如,在计划经济体制下,国家对大学生进行统一分配,毕业生和用人单位均无自主权可言;在市场经济条件下,随着高校教育体制改革的不断深入,我国高校普遍建立了在国家方针政策和宏观调控下,学校和各级政府推荐,学生和用人单位双向选择的毕业生就业工作模式。用人单位和大学毕业生都有了选择的自主权。

(六)机遇

机遇是影响职业生涯的偶然因素,但对个人的职业生涯而言,有时又具有决定性的作用。机遇是随机出现的、具有偶然性因素的事物,包括社会各种职业对一个人展示的随机性的岗位,或者说是能够就业和流动的各种职业岗位,包括能够给个人提供发展的职业境遇。机遇本身是客观存在的,但机遇只垂青于那些有准备的人。个人的能动性会增加找到发展的新机会,或者自己创造机会。许多事业上成功的人,不是靠家庭、亲友的帮助,也不依赖社会给予的现成机会,而是靠自己的努力奋斗和开拓进取精神。

在仔细分析了影响自己职业生涯的各种因素后,就可以较好地解决职业生涯规划中“干什么”“何处干”“怎样干”这三个最基本的问题了。

二、了解自我与社会

(一)了解自我

找到一份适合自己的工作是每个大学生追求的目标之一。在一生的职业生涯中,如果能够从事自己喜欢而又胜任的工作是一件令人感到快慰的事。有些大学生缺乏对自己的深入分析和训练,在走出校门后,因为偶然的因素从事自己并不喜欢的工作,虽然几经转换,仍不能对工作产生兴趣。任何职业的选择都是从了解自我开始的。大学生要透彻地了解自己的喜好和憎恶、优点和弱势,价值观及其他性格特征。对自己了解越多,选择职业就越容易,个人才能与职业的契合度就越高。

小贴士

对自己的了解主要有以下几个部分:

1. 喜好和憎恶:我喜欢什么?我讨厌什么?
2. 优势和弱势:我做好这一工作的优势在哪里?弱势又在哪里?
3. 价值观:为什么我喜欢这个而不喜欢那个?在职业选择过程中,我最看重的是什么?

4. 性格特征：我是什么样性格的人？这种性格特征的人适合的职业是什么？

5. 成长要素：我心中理想的自己是什么样子的？如何才能实现自己的梦想？如何将自己打造成适合自己理想工作的职业人？

在这一探索过程中，需要采取职业测评及相关训练等有效方法来对各种问题进行深入思考。对问题思考得越具体，个人成长速度越快。

阅读资料

SWOT 分析法

进行职业规划时，千万别忘了那句古老的名言——认识你自己。用《孙子兵法》上的话来说就是“知己知彼”，一个通行的办法就是 SWOT 分析法。SWOT 分析是一种功能强大的自我评估定位和探测职业机会的分析工具。通过它，个人会很容易知道自己的优点和弱点在哪里，并且会评估出自己所感兴趣的不同职业道路的机会和威胁所在。其中 S（Strengths）代表优势，W（Weaknesses）代表弱势，O（Opportunities）代表机会，T（Threats）代表威胁，其中，S、W 是内部因素，O、T 是外部因素。

对自己进行 SWOT 分析，分析优势、劣势、机会和威胁，找到自己最擅长之处。这些可以通过专门的性格测评来了解。企业的招聘经理也在通过各种方式评估应聘者的特长，如合群、聪慧、稳定、恃强、兴奋、有恒、敢为、敏感、怀疑、幻想、世故、忧虑、实践、独立、自律、紧张、适应与焦虑、内向与外向、感情用事与理智客观、慎重与果断、心理健康因素、成就者人格因素、创造力、成长能力等。

（二）了解社会

个人职业的发展离不开社会环境。如果说了解自我是职业规划的内在基础，那么了解社会就是其外在条件。一个人的职业选择必须建立在对社会现实的准确认知之上，脱离社会需求的职业规划往往难以实现。

当前社会正处于快速变化之中，新技术、新产业不断涌现，传统行业也在转型升级。这种变化既带来了新的就业机会，也对从业者提出了更高要求。大学生在进行职业规划时，必须深入了解所关注行业的发展现状和趋势，把握社会对人才的具体需求。

对社会环境的了解包括多个维度。在宏观层面，要关注国家政策导向、经济发展趋势、产业结构调整等因素；在中观层面，要分析具体行业的竞争格局、发展前景、人才供需状况;在微观层面,则要了解目标企业的文化特色、用人标准、发展机遇等。只有全面掌握这些信息,才能作出符合实际的职业选择。

需要特别注意的是社会需求与个人特质的匹配程度,即使某个职业发展前景良好,如果与个人的兴趣、能力、价值观不符,也难以获得职业满足感。因此,了解社会的目的不是盲目追求热门职业,而是在社会需求中寻找与自身特质相匹配的发展机会。

职业目标的设定

三、职业生涯目标的设定应遵循的原则

(一)实事求是原则

实事求是,即要根据实际情况,不夸大,不缩小,如实反映客观事物的本来面貌,制定自己的职业生涯规划。在进行职业方向、职业能力、职业素质、职业前景的分析和预测时,要客观地准确认识自我,正确评价自我,确切定位,对环境的影响则不仅要看到有利的因素,也要看到不利的因素,思考问题要全面,有主见,不随大流,不想当然。

(二)切实可行性原则

切实可行,即职业生涯规划要以自身情况为依据,以社会客观为准绳,所设计的步骤、所确定的流程、所采取的方法要有可操作性,通过职业生涯规划设计的实施,确实能够达到预期的职业生涯目标。这就要求大学生做到以下几点:首先,个人职业生涯目标要同自己的能力、兴趣、素质、知识基础和设计的职业工作相符合。其次,个人的职业目标和职业生涯道路的确定,要考虑客观条件的制约。例如,刚毕业的大学生不宜把担当重要的领导工作职务确定为自己的近期职业目标。

(三)循序渐进原则

循序渐进,即要按照一定的步骤和计划逐渐进行和开展。首先,就计划本身而言,它是对未来事物的一种展望,大学生不要指望一蹴而就地实现理想中的某个目标。其次,大学生职业生涯规划设计有诸多方案、方法和方式,每一个方案的实现都是下一个方案实现的前提和基础。最后,计划所设定的理想职业的获得必须以一定的素质、能力和知识作为基础,而这些知识和能力的具备也是一个循序渐进的过程——需要大学生在大学期间和毕业之后,不断地进行自我分析和评估,同时对照社会对人才的要求,发现差距,并努力提升自己,不断进步。

(四)因人而异原则

大学生进行职业生涯规划,要根据个人差异,诸如性格特质差异、职业兴趣差异、专业差异、个人综合素质和能力的差异、环境差异等制定，如根据市场对人才的需求、就业政策方针等具体情况来设计自己的职业生涯，以便充分体现计划的个性化、针对性和差异性。

(五)一致性原则

个人职业生涯目标要与单位目标协调一致，大学生是借助单位而实现自己的职业生涯目标的，其职业计划必须在为单位目标奋斗的过程中实现。离开单位的目标，便没有个人的职业发展，甚至难以在单位中立足。所以，大学生在制定职业生涯规划时，要考虑自己的职业生涯目标与单位目标协调一致。

(六)发展性原则

发展性原则主要是指大学生在制定和采取职业生涯的具体实施措施时，要充分考虑变化与发展性因素，如目标或措施是否能依据环境及组织、个体的发展性因素而调整。因此，大学生要从促进自身综合素质与能力发展的角度出发，把职业生涯目标设定与生涯发展和自己全面协调发展结合起来，使自己在职业生涯规划设计的实施中受益。

单元 2　确立职业目标

职业生涯目标的设定是职业生涯规划的关键点。一个人事业的成败很大程度上取决于有无正确、适当的目标。目标的设定是在继职业选择、职业生涯路线选择后，对人生目标作出的抉择。

一、职业生涯目标设定的原则、方法

(一)职业生涯目标设定的“黄金准则”——SMART 原则

1. SMART 原则一：S(Specific)——明确性

目标必须是具体的，不可以是抽象模糊的。职业生涯规划必须明确、清晰、具体，具有可行性。当谈论具体目标的时候，不要只是简单地说“我要找份好工作”“我要成功晋升”之类的话，这只是愿景，不是具体的规划，所以没有办法去具体执行。而“我的目标是成为××公司的超级销售员”“我要在今年把工资提升到每月 5000 元”才能称为目标。当我们开始进行职业生涯规划时，应该更加注重细节的具体化，只有细节问题处理好了，才不会只有大方向，而没有脚踏实地的前进步伐。

2. SMART 原则二：M(Measurable)——可量化

可量化指的是可衡量、可测量、有一定的评定标准，尤其针对结果。目标应该是明确的，而不是模糊的。应该有一组明确的数据，作为衡量是否达成目标的依据，绝不能有“大概”“差不多”“快了”之类的模糊修辞语。面对职业生涯规划，大学生不需要任何自我欺骗和借口，因为数据、数字、事实会说明一切。比如，你做的是销售工作，整天忙忙碌碌，到了月底一合计却没有多少销售额。你说你很努力，但是数据告诉我们，你并没有比其他人更努力。用数据说话，做到了就是做到了，没有做到就是没有做到，是做销售员都要知道的一个道理。

3. SMART 原则三：A(Attainble)——可达成性

可达成性很容易理解，就是目标必须是可以达到、实现的。职业生涯规划设定的目标要高，具有挑战性，但是，一定要是可达成的。关于“Attainable”，有的书翻译为“可行”，有的解释为“可接受”。其实无论翻译成什么，都是在强调职业生涯规划中所设定的目标一定是能够通过个人最大的努力而实现的。我们鼓励大家设定一个较高的职业目标，但不是鼓励设定一个虚无的、无法实现的目标。有的人也许会说只要我想得到，就一定做得到，其实这句话的前提就是你的目标是可达成的。

比如，你刚参加销售工作，还没等熟悉完业务流程，就整天鼓吹“我这个月要完成几十万元的销售额”，你要知道，老销售员一个月还没有做到的，这样的狂妄自大往往容易引来职场同事的疏远，盲目自大不等于自信！但是反过来，你第一个月设定自己的销售额要达到 5 万元，第二个月达到 8 万元，这样就更容易实现自己预定的目标。当然，这里可实现的预定目标会随着个人能力水平的进步而不断提高，但是无论什么目标，都要根据自己的现实水平和能力来合理设定，这样，你会获得成就感，别人也会觉得你稳重可靠，愿意与你合作。

4. SMART 原则四：R(Relevant)——相关性

目标的相关性是指实现此目标与其他目标的关联情况。如果实现了这个目标，但与其他的目标完全不相关，或者相关度很低，那这个目标即使达到了，意义也不是很大。

5. SMART 原则五：T(Time-based)——时限性

目标的时限性是指目标是有时间限制的。例如，我将在 2025 年 9 月 30 日完成某事，9 月 30 日就是一个确定的时间限制。比如，有名学生想考英语四级，你平时问他：“有没有在学呀？”他说一直在学，结果到即将毕业时他还未通过。可见，必须给目标设定一个合理的完成期限。

职业生涯目标特征表,见表5-1。

职业生涯目标特征表　　表5-1

目标特征	具体要求	实现方式
具体明确	目标清晰、内容具体	详细描述期望达到的职业状态
可以测量	有具体的衡量标准	设定可量化的评价指标
可以达到	符合个人实际能力	结合自身条件制定合理目标
现实可行	考虑客观环境条件	分析内外部环境的可行性
有时间限制	明确的时间节点	设定明确的完成期限

(二)职业目标设定的"ABC法"

A——可行的(Achievable),意思是说就你的能力和特点而言,实现这个目标是现实的、可能的。如果你的外语一般、专业课成绩中等,你选择考北京大学热门专业,这个目标很难说是可行的。

B——可信的(Believable),是指你真的相信自己能完成这个目标,对自己的能力非常有信心,相信自己能够在设定的时间之内完成。成功者常会通过设定目标来激励自己,他们设定的目标虽然较高,但他们相信通过自己的努力和克服困难,是可以完成自己所设定的目标的。

C——可控的(Controllable)主要是指对一些可能会最终影响实现目标的因素的控制能力。因此,用什么方式来表达自己的目标非常重要。如果你说"我的目标是在IBM公司获得一份工作",那么,你这种表达目标的方式就违反了可控性的原则,因为这种表述方法忽略了被拒绝的可能性。而"我的目标是在下周三之前向IBM公司申请一个职位"就是一个可以被接受的目标,因为你能控制相关的因素。依靠他人的帮助来实现自己的某一目标是有风险的,因为可能会忽略目标设立的可控性原则。如果你的目标关系到他人,那么你就有必要邀请他们参加你的计划,以争取他们的合作。

二、设定职业生涯目标

(一)职业生涯目标具体设定

职业生涯目标的设定包括短期目标、中期目标、长期目标及人生目标的确定,它们分别与短期规划、中期规划、长期规划和人生规划相对应。一般来说,我们首先要根据个人的专业、性格、气质和价值观以及社会的发展趋势确定自己的人生目标和长期目标,然后对人生目标和长期目标进行分解,根据个人的经历和所处的组织环境制定相应的中期目标和短期目标,见表5-2。

职业生涯规划目标分类　　表 5-2

规划名称	时间跨度	目标特点	主要内容
人生规划	整个职业生涯周期	方向性、理想性	人生理想、价值观念、人生哲学
长期规划	5 年以上至退休	发展性、战略性	职业发展方向、重大人生决策
中期规划	2～5 年	发展性、可操作性	职业发展目标、能力素质提升
短期规划	1 年以内至 2 年	具体性、可操作性	年度目标、季度重点、学习计划

（二）制订行动方案

在确定以上各种类型的职业生涯目标后，就要制订相应的行动方案来实现它们，把目标转化成具体的方案和措施。在这一过程中比较重要的行动方案有职业生涯发展路线的选择、职业的选择和相应的教育与培训计划的制定。比如，为达到理想的职业生涯目标，在校期间，在学习方面必须打好专业知识基础，全面提高自己的专业素质，同时必须扩大自己的知识视野，完善自己的知识结构，做到厚基础、宽口径。又如，如果认为自己的社会实践能力不强，就要有意识地参加学校组织的各种社会实践活动，如教学实习、生产实习、毕业实习、志愿者服务、参观访问、社会调查等。如果决定向行政管理方面发展，就要积极担任学生干部，在服务同学的同时，锻炼自己的策划、管理、协调等能力。不管制定了怎样的职业生涯路线，都必须明确的一点是，策略要具体、明确，以便定期检查落实情况。

（三）评估

俗话说："计划赶不上变化。"影响大学生职业生涯规划设计的因素有很多，有的变化因素是可以预测的，有的则是无法预测的。为了使职业生涯规划行之有效，就需不断地对职业生涯规划进行评估与修正。当然这不等于规划设计可以随意更改，而是在大方向不变的情况下，根据形势的变化，结合自身的情况，对自身建设方面的某些内容、方案措施和步骤的科学调整，以使其更完善。比如，某些职业岗位对人才的要求发生了变化，大学生就应该根据这些变化的要求有针对性地进行自身能力建设。修订的内容包括职业的重新选择、职业生涯路线的选择、人生目标的修正和实施措施与计划的变更等。

1. 职业生涯评估方法的内容

任何人的职业生涯规划都必定是自己设计、自己评估的，他人无法代劳。只有通过对日常工作、学习进行定量和定性评估，才能促使自己努力奋斗，实现理想。把评估的结果作为职业生涯规划修正的依据。

（1）设定评估计划及其执行实施进展情况的时间表，并确保对照执行。在职业生涯不同阶段，对职业生涯规划评估的频率不一。对一些职业生涯的关键阶段需多次进行评估，对一些关键点则需要进行针对性评估。

(2)对目标和计划进行量化、检验和评估。例如，计划某月参加英语四级考试，就记英语单词一项而言，在一段时间内每天要记50个，一天下来，到底记住了多少，临睡前要进行检验。

但计划中许多项是不可以“数”的。为了使自己更好地对计划执行情况进行检验，就需要把它们变成“可数”。

(3)制作评估验收工具。评估验收工具可以是日记簿，也可自制“目标管理与自我激励工作手册”，记下目标、任务、验收条件和激励方法，定时将计划实施的验收结果填写在手册上。

2. 评估时间

根据目标和任务的大小，完成时间的跨度，目标任务的轻重等各种因素，设定评估的时间，或按周、月，或按季、学期、学年等。例如，学习成绩可以每学期为一个评估时间，社会实践、实习可以月或一个假期作为一个评估时间等，以此类推。

3. 评估标准

不同的阶段、不同的目标评估标准各异。例如，成长阶段或职业生涯准备期，其评估标准则根据学习成绩、专业知识掌握能力、职业资格证书、获奖情况等而定；职业生涯探索阶段，则根据工作态度、工作适应性、专业知识、工作绩效、责任感、协调合作、发展潜力、品德言行、出勤及奖惩等，评估是否“人职匹配”；职业生涯建立阶段，如果目标是进入领导岗位，则评估标准根据领导能力、策划能力、工作绩效、责任感、协调沟通、授权指导、品德言行、成本意识、出勤及奖惩等而定。

4. 评估方法

(1)设计职业生涯评价表。职业生涯评价是判断一个人的职业生涯成功与否的重要指标，并且与社会、企业、家庭密切相关，因而职业生涯评价应由社会、企业、家庭、个人等不同主体综合考虑。只有在得到来自多方面的认同和肯定前提下，个人的职业生涯才算成功。因此，职业生涯的管理、评估与考核的过程要关注多方面给予的评价，见表5-3。

职业生涯评价表　　表5-3

评价主体	评价内容	评价标准	权重(%)
社会	社会贡献、社会声誉、行业地位	优秀、良好、一般、较差	30
企业	工作业绩、团队合作、创新能力	优秀、良好、一般、较差	40
家庭	家庭责任、生活平衡、品德修养	优秀、良好、一般、较差	15
个人	目标达成、能力提升、成就感	优秀、良好、一般、较差	15

的、存在的难以避免的问题等。例如，工作中哪些是得到上司认可，让自己觉得有成就感的；哪些内容是自己喜欢和擅长的，哪些是让自己觉得厌烦和无奈的。分析自己在以往工作中存在的问题：是人际关系没处理好，公司氛围或所在行业的局限性，还是自己工作情绪问题等。分析应该是客观和理性的，分析有助于自己看清楚自己的现状，总结以往经历中自己的得与失、长与短、优与劣。

2. 跳槽规划

跳槽其实是职业规划中的一部分，当你觉得自己跳槽目标不清晰、不确定的时候，也意味着你是缺少职业规划的。当你觉得要做改变是必然的、确定的时候，接下来就应该考虑跳槽的目标是什么了。在制定跳槽目标的时候，应该在以后的职业中发挥自己以往经历中喜欢和擅长的内容，并且避免一些不可以改变的问题，用扬长避短的原则来制定目标：包括具体应该从事什么样的职位、选择哪些行业、可以进入什么类型的公司等。

3. 主动行动

仅有现状分析、有想法和理想还是不够的，成功的改变还是在于理性的行动。改变必然会面临一些新的挑战和困难，如果能在面临一些不熟悉的行业和职位的面试时有一些好的表现，就需要你有改变的勇气。在面临拒绝时，能不气馁，并且能有策略地准备自己的相关求职技能，包括相关的培训、简历、面试技巧等。

同时，应该注意避免跳槽中几种常见的弊病。

1. 盲目

在众多职业转换案例中，有相当一部分人在以往职业经历中的跳槽是盲目的。例如，有的人一直在规模不大的公司工作，因此他把进入一家大规模的公司或500强企业作为跳槽的主要目标。结果，选择进入了大型的公司，却从事了一份自己不喜欢、不适合的工作，导致职业发展上的困惑。

2. 被动

在众多职业人的跳槽中，有相当一部分人的跳槽是被动的。其被动表现在为缺乏对跳槽方向的把握，以及跳槽的职位受限于现有的职业经历。例如，原来从事某工作，但工作中感到业绩不好，没有成就感，因此寄希望于换一家公司换一种环境，但职位上却重复原有的问题。

3. 急躁

有不少人在职业发展中对自己的期望过高，希望能快速积累经验。例如，做销售的希望能尽快签单，但一些大项目的销售必然要接受长期的考验;做财务和技术等工作的,耐不住从事基层的工作。因此,在职业选择上有一些人频繁跳槽。

4. 犹豫

跳槽是改变职业现状的一种方式。大多数人都能勇敢运用跳槽改变职业现状,然而也有少数人,在跳槽方面非常害怕和犹豫,患得患失,导致他们只能徘徊于现状。他们害怕准备简历,害怕参加面试,担心到了新的环境会有一些风险出现,怕自己不能承受不可预料的风险。因此,导致自己只能安于现状。

人一生的职业生涯其实很短,职业转变和频繁、主动的跳槽也往往发生在职业初期和中期,到了一定年龄阶段要改变就非常困难了。希望职业人士能在年龄、经历等允许的条件下,规划自己的跳槽,把握合理的机会,让自己的职业生涯发展得更好。

学业与能力规划

单元3 提升学业计划与职业能力

大学阶段大学生正处于职业生涯的探索期,探索期的规划与行动将会对未来的职业生涯发展产生深远的影响。每个大学生都应认真制订学业计划,为职业生涯奠定坚实的基础。

一、大学生学业计划

大学生的学业是指大学生在高等教育阶段所进行的以学为主的一切活动,是广义的学习,不仅包括科学文化知识的学习,还包括思想、政治、道德、业务、组织管理能力、科研及创新能力等的学习。

大学生学业计划是指大学生对与其职业目标相关的学业所进行的安排和筹划。具体来讲,大学生学业计划是指大学生通过自我认知、职业认知确定职业目标,进而制订的学业发展计划。大学生学业计划能有效地帮助大学生明确学习目的,增强自我约束力和自我管理的能力,提高学习的积极性和主动性,引导大学生积极向上和自我完善,并有助于大学生进行自我定位,计划大学期间的学习活动,为今后的就业打下坚实的基础。换言之,大学生学业计划就是解决为什么学、学什么、怎么学、什么时候学等问题,以确保自身顺利完成大学学业,为成功实现就业或开辟事业提高竞争力。

现实中,有不少大学生入学后很盲目,对自身的学业计划缺少设计或计划过于模糊,大学期间没有明确的目标和努力方向,学习缺乏动力,消极被动,成绩不理想,最终导致求职竞争力不强,求职中屡屡碰壁。

二、如何制订学业计划

(一)制订学业计划的准备

一份有效可行的学业计划一定是在充分并且正确地认识自身条件和相关环境的基础上制订的。

1. 正确分析自我

制订学业计划,首先要对自己有一个充分的了解,包括兴趣、特长、性格和各方面的能力等。可从个人成长经历和社会实践中分析,并结合科学认知的方法和手段,明确自身已经具备的能力和应该培养的能力。

2. 充分认识环境

制订学业计划,还要充分认识相关的环境,评估环境对学业发展的影响。一方面要认识大学阶段学习、生活的特点,认识本专业、本行业的特点及其当前形势与发展趋势;另一方面要分析社会发展的需要。

大学生应将上述几方面的分析相结合,确定自己的学业发展方向。

阅读资料

新学习,新开始

相较于基础教育阶段,高等教育在诸多层面表现出明显特点,学习模式的改变就是其中之一。你是否已经充分考虑并且积极应对这些新情况带来的冲击?

1. 学习内容的变化

中学课程大概有十来门基础学科,到了大学阶段,课程结构就表现出明显的扩大态势,无论是课程数量还是课程深度和宽度,都有比较大的增长。大学课程系统大致由公共基础课、专业基础课和专业核心课等层级构成,每个层级又包含许多具体科目。本科生要完成40门以上课程的学习任务,知识积累和学术要求比中学阶段高很多。在本科教育期间,大一到大二主要是公共必修课和专业导论课,大三时专业基础理论的学习占了很大比重,渐渐加入一些专业选修课,到了大四就转入专业方向的深入学习和毕业设计实践环节。

大学课程体系主要由必修课和选修课组成。必修课是达到某一个专业的培养目标,取得相应学位,满足毕业要求的课程模块,包括公共基础课(大学语文、外语、数学等)、专业基础课、专业核心课,严格按照各个专业的人才培养方案具体要求来设置。

为了推进学生全面发展，学校增加了人文素养类选修课程，并将其归入必修范畴，学生必须完成一定的人文选修学分，才能正常毕业。专业选修课程主要是针对某些专业方向的学生设立的，公共选修课程则面向全校各个专业的学生。

2. 学习方式的变化

基础教育阶段围绕课堂教学展开，其课程体系具备严密的逻辑结构并有紧凑的时间安排，大量作业布置和频繁互动加强知识掌握。高等教育侧重培养学生自主学习的能力，大幅缩减传统讲授式教学所占比例，大幅增加自主探究性学习的时间。在此期间，大学教学设计整合多种多样的实践活动，包含实验实训、专业实习、社会调研及毕业设计等诸多方面。

3. 学习方法的变化

基础教育阶段教师主导现象普遍，学生自主学习与主体地位薄弱。大学教育提倡启发式教学，注重培养学生的探究意识和创新精神。在此期间，大学生要掌握如何构建科学的学习规划，合理分配时间资源，从而逐渐达成从被动接受知识到主动探索知识的转变，放弃机械记忆和题海战术，依靠深度思考和创造学习来改进学术素养和综合能力。

4. 管理方法的变化

高中时，各个班都会设专职班主任，他们的任务主要是统筹、监督并负责学生一天的全部学习生活以及课外活动，这样的安排某种程度上抑制了学生的自我发展。到了大学以后，班主任的工作重心就变成指导学生形成正确的世界观、人生观和价值观，并且要给学生提供专业的支持，帮助他们规划学业或者职业道路。这么一来就能看出，大学的班主任逐渐脱离了中学时那种全方位包办学生具体事务的状态。而且绝大多数大学班主任都是由任课教师兼任，他们还要兼顾教学和科研方面的事项，因此在实际操作中难免会忽略对学生活动的连续监控与动态追踪。

这种管理模式的转变让一部分大学新生刚入学就陷入了严重的心理调适困难当中，他们从以前那种被严格监管的状态一下子跳到了可以自己做主的自由境地，于是出现了认知上的混乱以及自我调节能力不足的情况，从而表现出过度放任自流的特点。要缩短适应周期，促使学生由外力驱动变成内生动力，推动传统知识传授方式向创新性学习模式转变，逐渐脱离被动管理模式的束缚，意义重大。

（二）确定学业目标

结合自己的理想、现有的条件和制约因素，确立整个大学期间的学业目标,并将学业计划分解成若干个小目标,制定实现小目标的任务要求、执行方案,最终完成自己的整个学业。如果缺少清晰又可行的目标引导,人就容易被外界因素扰乱而偏离既定计划。

大学人才培育计划的规划要突破传统的单一学科知识传授的束缚,把多方面的要素融合起来实施系统构建。关键是要健全知识体系的架构,加强逻辑思维能力的培养,改进实践技能水平,促使综合素养得到全方位的提升。在确立大学教育目标的时候,要着重塑造科学合理的知识框架,也要重视对大学生进行批判性思维和创新能力的培育。

小贴士

可以通过以下步骤来确立自己的学业目标:

第一步:明确职业理想与发展路径——未来从事何种职业?打算成为一个什么样的人?还可进一步考虑毕业后的发展方向选择。

(1)选择继续深造。部分大学生认为硕士研究生毕业后更易就业,且工作条件与待遇更优。

(2)选择本专业就业。也有很多大学生更愿意把所学专业领域当作职业发展的主攻方向,觉得当下考研竞争愈发激烈,将来就业市场面临的不确定性或许会更严重。

(3)选择其他专业就业。一些学生由于对自己所学专业的未来发展前景缺乏信心,便开始转向那些符合时代发展需求的新领域。通过参与跨学科的课程学习或者自行去探索,就能切实地优化自身综合素质,进而拓宽职业发展道路。

(4)选择自我创业。自主创业属于职业发展的一条重要途径。在校期间,大学和社会机构一起搭建起多种多样的实践平台,包含各种各样的创新创业竞赛、科技文化节以及专门的扶持政策等。很多学生通过参加这些活动,自身综合素质得到明显提高,能更清楚自己的价值观倾向,增强长远的职业规划意识。

第二步:确立大学阶段的总目标。制定大学阶段发展目标的时候,要从多个角度进行统筹规划。在专业素养、外语能力、信息技术应用、身体素质这些领域里,每个方面都要明确具体的评价标准。而且对于专业技能、实践操作水平、跨学科整合能力的提升,社会经验积累和个人特质发展这些核心能力,也要构建起清晰的发展目标框架。人格特质塑造、学习方法改进、人际交往能力加强和自我完善等重要议题,也应该细化成可以衡量的评估指标体系。

（三）学业目标的分解

在制定了学业总目标以后，要对总目标进行自上而下的分解，即制订学习计划。可以按照以下的思路进行：在校期间总的学习目标—年度学习目标—学期学习目标—月度学习目标—周学习目标—日学习目标，将目标分解细化为可以实施的具体步骤，从而使自己的学业计划落实到学习生活的每一天，确保学业计划的严格执行。

三、学业计划的实施

没有实施的措施，再好的计划最终也只是空谈。实施措施应包括学习、社会工作、实践等多方面的措施。例如，为达成学习目标，课堂学习采取什么措施？课外学习应包含哪些内容？通过哪些措施来养成哪些学习习惯？怎样提高学习效率？在全面素质培养及能力提升方面，采取哪些措施以培养哪些素质、提升何种能力？在专业实训及实习中，采取哪些做法以掌握何种技能？自己还有哪些潜能，可以通过什么方法予以开发？等等。

四、学业计划的评估

在实施过程中，应及时地对环境和条件作出评价和估计，对自己的执行情况作出评估。在市场经济条件下，现实生活中种种不确定因素的存在，使得学业计划的设计具有一定的弹性。大学生应该及时反省和修订自己的学业目标，变更实施措施与计划，做到定期评估——每年、每学期、每月、每日进行检查、评估，进而分析原因和排除障碍，找出改进的方法和措施。

五、激励和惩罚

激励能使人的潜能和积极性激发出来，惩罚可以有效地防止惰性的产生。大学生可以将自己的学业计划告诉老师、家长，当完成计划时得到他们的鼓励，未能完成计划时得到他们的帮助，并接受一定的惩罚；也可以告知同学，两人可以互相比拼，互相激励，共同进步。

单元4　撰写职业生涯规划方案

一、大学生职业生涯规划方案撰写步骤

大学生职业生涯规划应有别于一般的工人、农民等阶层的职业规

划。由于文化程度和其他一些原因，工人、农民等阶层的职业生涯规划可能只是保存在他们的脑海，埋在心底，默默地、一步一步地去实现。大学生接受了高等教育，有较高的文字功底和文学水平，设计并写出自己的职业生涯规划方案并不是一件难事。精心撰写一份实用而又有效的职业生涯规划方案显得十分必要，日后需要经常拿出来，参照它来进行评估、调整。

职业生涯规划方案撰写

大学生撰写职业生涯规划方案应遵循以下几个步骤。

(一)自我认知与定位

自我认知与定位是个人职业生涯规划的基础，也是能否获得可行的规划方案的前提，可以通过自我评价、他人评价和人才测评来完成。自我评价主要是自己进行冷静的自我审视、自我思考，对自己作出一个比较客观的评价；他人评价主要是通过询问他人对自己的看法、让他人填写调查问卷或座谈等形式获得；用网上或书上提供的测评工具进行人才测评是现今比较科学的自我认识方法之一，受到人们的肯定。大学生通过自我认识、他人评价和网上人才测评可以清楚自己的职业兴趣、职业能力、个人特质、职业价值观、胜任工作的能力，以此为依据选择合适的职业和决定职业路线。一份成功的职业规划方案，必定是人职匹配的。

(二)职业环境分析

每个人的职业生涯都必须依附于组织环境的条件和资源，必然受到一定社会、经济、政治、文化和科技环境的影响。环境决定着每个人职业生涯的发展空间、发展条件、成功机遇和前进的威胁。编制个人职业生涯规划方案之前必须认真进行环境分析。大学生可以通过访谈、文献搜索、调查等多种形式，对自己的家庭环境、学校环境与自己理想职业相关的社会环境、行业环境、地域环境、企业环境、职业环境进行分析。这一步不可忽略，否则，职业生涯规划方案就没有根基。

(三)确立职业生涯目标

职业生涯发展目标指出了大学生个人未来职业发展的方向，是职业生涯的方针和纲领，因而职业生涯目标的确立是职业生涯规划的核心。职业生涯目标的确立应当建立在自我剖析、环境认知和自我定位的基础上，做到符合自身特点、满足组织和社会需求，注意长期目标与短期目标相结合，协调统一职业目标、生活目标、家庭目标等。

大学生应该首先确立一个适合自己的长远目标，树立职业理想。在此基础上，大学生应确定大学期间的学业目标，制订大学期间的学习计划；再分解制订学年计划、学期计划，而后细化为切实可行的短期计划——月、周、日的计划。学年、学期计划和短期计划务必具体、切实可行，应包括实现计划的步骤、方法与时间表等。

(四) 制订行动方案

一份有效的职业生涯规划方案必须有确实可行的行动策略。具体的、可行性较强的行动方案会帮助自己一步步走向成功，进而实现目标。在确定职业生涯目标后，就要制订相应的行动方案来实现它们，把目标转化成具体的方案和措施。

制订行动方案，要考虑的主要问题包括：为达到目标，在专业学习方面要学习哪些知识，掌握哪些技能，提高哪些实际操作能力；在实践方面，应采取哪些措施来提高工作效率，需要累积哪些实践经验；在能力提升方面，通过哪些措施来提高何种能力；等等。这些要点都要用相应的表格进行跟踪，以便定时进行检查和纠偏。

对大学生来说，这一步骤中最重要的是与职业选择相对应的教育和培训计划的制订。对于已经制订的计划，要认真思索并采用具体途径去实现它，尽自己最大努力做得更好。比如，对某方面的专业知识，是选择系统学习，还是咨询专家，听讲座，抑或是参加社会实践，力求寻找出最有效的方案。方案的制订因人而异，因专业和学科而异，因环境而异，必须视具体情况作出具体分析，切不可照搬他人或书本上的方案。

(五) 撰写职业生涯规划方案

职业生涯规划方案的撰写要建立在以上工作步骤所形成的基础之上。工作充分、信息充足才可动笔写作，不能急于求成。近年来，针对数以万计的大学生对职业生涯规划设计的实践，众多职业指导教师和行业专家辛勤探索、反复研究，基本归纳出了一个通用型职业生涯规划设计模板。该模板可供参考，但撰写时还应结合自身具体情况进行调整和创新。

二、职业生涯规划设计

职业生涯规划设计即职业生涯规划书的撰写。职业生涯规划方案的基本内容包括封面、目录、正文、结束语四部分。

(一) 封面

封面一般由基本信息、职业规划撰写的时间与励志短语等内容组成，如图 5-2 所示。

职业生涯规划设计书

姓　　名：__________________
性　　别：__________________
年　　龄：__________________
籍　　贯：__________________
学　　校：__________________
学　　院：__________________
班级及专业：__________________
电　　话：__________________
邮　　箱：__________________

职业规划书形成时间：　　年　　月　　日

图 5-2　职业生涯规划设计书封面

小贴士

封面设计提示

如果我们设计的职业生涯规划要与同学交流，封面的个人基本信息要详尽；如果仅作为个人收藏，个人信息可简单，但职业生涯规划形成的时间不能漏，时间的记录对日后的职业生涯管理、评估和修正都有作用。封面还可以插入与主题相关的励志短语（如规划人生成就未来）和图片，使职业生涯规划设计书更具内涵和美观。

（二）目录

目录一般包括以下内容。

1　序言（前言）
2　自我认知
2.1　职业生涯规划测评
2.2　SWOT 分析法
2.3　360°评估
2.4　自我认知小结

3　职业认知
3.1　外部环境分析
3.2　目标职业分析
3.3　职业素质测评
3.4　人职匹配分析
3.5　职业认知小结
4　职业生涯规划设计
4.1　确定目标和途径
4.2　制订行动计划
4.3　动态分析调整
4.4　备选规划方案

(三)正文

按上述目录分别提出以下要求。

1. 序言(前言)

要求:主要抒发个人对职业规划意义的理解。进行职业生涯规划设计的前提是对职业生涯规划有深刻的认识。

例如,在就业压力日益增大的今天,一个好的职业规划无疑能给自己的未来职业发展奠定坚实的基础,能给自己在未来的竞争中增加一份自信。而如今,身为大学生,在人生发展的重要阶段,不能任时光虚度,而应努力充实自己,为自己的明天储备必要的知识和能力。未来掌握在自己手中,大学生要抓住宝贵的时光,为自己的未来之路设定一个前进的方向。不断迈进,相信自己的明天一定会很美好。

2. 自我认知

(1)职业生涯规划测评。

要求:如果运用网络测评软件进行职业生涯规划测评,在职业生涯规划方案上应充分采用测评报告中的图表来体现测评结果,这样会一目了然,较为直观;如运用书本的测评量表进行自我测量,则要求学生按指导语进行测量、总结、对照等,最终得出测评结果。

(2)SWOT 分析法。

SWOT 分析法是一种系统性的自我认知工具,通过分析个人的优势(Strengths)、劣势(Weaknesses)、机会(Opportunities)和威胁(Threats),帮助大学生更加客观全面地认识自己,为职业规划提供科学依据。

SWOT 1:“优势(Strengths)”。

SWOT 2:“劣势(Weaknesses)”。

SWOT 3:“机会(Opportunities)”。

SWOT 4:“威胁(Threats)”。

(3)360°评估。

360°评估表,见表5-4。

360°评估表 表5-4

评估来源	评估内容	具体表现	改进建议
自我评估	个人优缺点、兴趣爱好、能力特长		
家人评估	性格特点、行为习惯、发展潜力		
同学评估	人际交往、团队合作、学习能力		
老师评估	学术表现、综合素质、发展方向		

(4)自我认知小结。

自我认知小结提示:综合自我评价、他人评价和测评结果进行概括性的小结。

例如,“我是什么样的人?”——我是一个事业心强,注重个性发展的人。“我喜欢做什么”——我喜欢从事能充分发挥个人能力的项目性质的工作。“我适合做什么?”——我善于从事与组织、策划、协调相关的工作。

结合上述所有分析,我希望在毕业后从事某项策划工作。

3. 职业认知

(1)外部环境分析。

①家庭环境分析。家庭背景是影响职业选择的重要因素。主要考虑家庭经济状况、父母的职业及教育背景、家庭价值观念、家庭成员对个人职业发展的期望与支持度等。家庭经济条件决定了求学和择业的自由度;父母的职业及教育背景往往为子女提供职业认知的第一手资料;家庭价值观会在潜移默化中塑造个人的职业取向;家庭成员对个人职业发展的期望与支持度也会影响最终的职业决策。

②学校环境分析。分析所在院校的办学特色、专业实力、就业状况等。重点关注专业课程设置的合理性、师资队伍的水平、实践教学条件、毕业生

就业率及就业质量、校友资源等。这些要素直接关系到个人专业素养的培养和就业竞争力的形成。

③社会环境分析。分析当前社会经济发展状况、就业形势、产业政策、技术变革等宏观环境因素。特别要关注国家发展战略对相关行业的影响、新兴产业的发展机遇、传统行业的转型升级等,这些都会直接影响未来的就业格局。

④目标地域分析。分析拟就业地区的经济发展水平、产业结构、人才需求、生活成本、发展机会等。不同城市和地区在产业优势、薪酬水平、生活环境、发展空间等方面存在显著差异,需要结合个人实际情况进行综合考量。

(2)目标职业分析。

①目标职业名称。确定具体明确的职业称谓,如软件开发工程师、市场营销经理、会计师等。

②岗位说明。该职业在组织中的定位、承担的主要职能、与上下级及相关部门的关系等。

③工作内容。分析日常工作的主要任务、工作流程、职责范围等具体内容,包括常规性工作和阶段性任务。

④任职资格。分析从业所需的学历要求、专业背景、技能水平、工作经验、个人素质等条件。

⑤工作条件。分析工作环境、作息时间、出差情况、工作强度、团队协作程度等实际工作状态。

⑥就业和发展前景。分析该职业的市场需求量、薪酬待遇、职业发展路径、晋升空间、行业发展趋势等。

(3)职业素质测评。

提示:运用网络测评软件测量的,可充分采用测评报告中的图表来体现测评结果;运用书本测评量表自我测量的,应按指导语进行测量、总结、对照等,最后得出测评结果。

(4)人职匹配分析。

运用SWOT分析法进行人职匹配分析。

①我的优势(Strengths)及其使用。

②我的弱势(Weaknesses)及其弥补。

③我的机会(Opportunities)及其利用。

④我面临的威胁(Threats)及其排除。

具体可以参考表5-5。

SWOT 分析表　　表 5-5

职业生涯规划动态分析调整

内部因素	优势(S)	劣势(W)
个人能力		
知识技能		
性格特点		
外部因素	机会(O)	威胁(T)
社会环境		
行业发展		
竞争状况		

(5)职业认知小结。

4. 职业生涯规划设计

(1)确定目标和途径。

①近期职业目标。

②中期职业目标。

③长期职业目标。

④职业发展途径。

(2)制订行动计划。

①短期计划。

②中期计划。

③长期计划。

(3)动态分析调整。

评估、调整我的职业目标、职业途径与行动计划。

(4)备选规划方案。

提示:由于社会环境、家庭环境、组织环境、个人成长环境等变化以及各种不可预测因素的影响,一个人的职业生涯发展往往不是一帆风顺的。为了更好地主动把握人生,适应千变万化的职场,拟定一份备选的职业生涯规划方案是十分必要的。

(四)结束语

要求:对职业生涯规划方案进行总结,同时体现自己对未来工作的决心和信心。

例如,通过这次制定职业生涯规划,我有生以来第一次思考自己是一个什么样的人,第一次思考自己适合从事什么样的职业,第一次思考自己的未来会是什么样的,第一次思考我的人生该如何规划。

人生有很多的抉择，当我们面对一个路口，面对一个拐弯，面对社会的筛选时，我们都要正确认识自己，看清自己的优势及劣势，学会控制自己，做好自己，相信自己。路在心中，由我们掌握；路在脚下，靠我们选择！

小贴士

职业生涯规划设计注意事项

(1)职业选择不能有高下之分，而是要关注其适配性特征。只有符合个人兴趣倾向、人职匹配，具有相应能力的职业才是好的择业方向。由于职业活动占一个人生命历程的约1/3时间，从事非兴趣领域的工作很难持久保持工作热情和投入程度。

(2)选择高信效度的人才素质测评工具进行测评。人才素质测评是自我认知的重要理论依据，人才素质测评可以借助自我反省、他人反馈等方式获得信息，但是往往因为缺少系统的思考而显得片面。科学的方法是整合自我反思、外部评价、专业测评等信息，形成更完整的自我认知，进而制定更具可行性和针对性的职业发展规划。

(3)职业规划目标的设立要兼顾科学性和可行性，需要结合个人的兴趣偏好、能力特质及社会需求等诸多维度。因为兴趣与能力有较大差别，而且能力和社会需求无法完全对应，大学生要在诸多变量里找出最佳契合点，把实践经历、专业素养和个人志趣有机融合起来，进而塑造起具备持续发展潜能的职业规划体系。

(4)制定的措施要具有可行性。在设计职业发展规划的时候，方案的可操作性是关键考量因素之一。可以创建包含长期、中期、短期的多层次规划体系，详细规划出实施途径及时间安排。针对高年级学生来说，规划的重点在于未来五年内的职业发展道路；至于低年级学生，规划的重点应当放在学业期间的职业预备上，不过两者都要表现出这是为了达成职业目标而做的系统筹备。

(5)向同伴展示职业规划方案的时候，要突出个人特质和差异化的部分，也要注意文本表达、逻辑架构及视觉设计的新颖性。尽量不要直接引用职业测评报告里的具体数据，可以用图表的形式加以辅助说明，这样可以提升展示效果，改善视觉感受。

(6)职业认知是职业生涯规划的关键要素，其主要目的就是帮助个体确立自己的职业发展道路。当前，部分大学生过分依赖网络媒介来获取职业信息，这种情形在某种程度上对他们的职业认知能力产生了限制作用。

> 要想改善职业认知效果,就应该加大实践教学环节的设计力度,通过社会实践活动、专业实习、岗位体验等途径来进行。
>
> 虽然职业生涯规划不是通向成功的唯一道路,但没有规划就会让实现目标变得困难。大学生做好职业生涯规划,可以找到自己的方向,制订出实施措施,在追求梦想的路上,可以朝着成功的方向坚定前进。

模块小结

职业路径设计是职业生涯规划的核心环节,涉及对影响因素的分析、职业目标的确立、学业计划的制订和职业生涯规划方案的撰写。

影响职业目标设定的因素包括身心状况、教育程度、家庭负担、性别因素、社会环境和机遇等主观和客观因素。进行职业生涯规划需要全面了解自我和社会环境,运用 SWOT 分析法等工具进行科学分析,找到个人与社会需求的最佳结合点。

职业生涯目标设定应遵循实事求是、切实可行、循序渐进、因人而异、一致性和发展性等原则。目标设定可采用 SMART 原则和“ABC”法,确保目标的明确性、可测量性、可达成性、相关性和时限性。职业生涯目标应包括短期、中期、长期和人生目标,并制订相应的行动方案,建立评估与调整机制。

大学生学业计划是职业生涯规划在大学阶段的具体体现,需要在正确分析自我和充分认识环境的基础上,确定学业目标并进行分解,制订具体的实施措施,并建立评估与调整机制。学业计划应涵盖知识结构、思维方式、实践能力和综合素质等多个方面。

职业生涯规划方案的撰写是将规划思路系统化、文字化的过程,包括自我认知与定位、职业环境分析、确立职业生涯目标、制订行动方案和撰写规划方案五个步骤。职业生涯规划书应包括封面、目录、正文和结束语四部分,注重职业生涯目标的合理性、措施的可行性和个人特色的体现。

课后训练

一、选择题

1. 职业生涯目标设定的 SMART 原则中,“M”代表(　　)。

A. 明确性　　B. 可测量性　　C. 可达成性　　D. 相关性

2. 影响职业生涯目标设定的主观因素不包括(　　)。

A. 个人兴趣　　B. 教育程度　　C. 社会环境　　D. 性格特征

3. SWOT 分析法中的“O”代表(　　)。

A. 优势　　B. 劣势　　C. 机会　　D. 威胁

4. 大学生学业计划的时间安排应该是(　　)。

A. 只关注短期目标　　B. 只关注长期目标

C. 从长期到短期逐步分解　　D. 从短期到长期逐步扩展

5. 职业生涯规划书的核心部分是(　　)。

A. 封面设计　　B. 自我认知

C. 职业生涯目标　　D. 结束语

二、判断题

1. 职业生涯规划一旦制定就不应该改变,否则就失去了规划的意义。(　　)

2. SWOT 分析中的 S、W 属于内部因素,O、T 属于外部因素。(　　)

3. 大学生的学业计划只需要关注专业课程的学习即可。(　　)

4. 职业生涯规划方案的撰写可以大量引用测评报告的内容。(　　)

5. 在职业选择中,个人兴趣比社会需求更重要。(　　)

三、简答题

1. 简述影响职业生涯目标设定的主要因素。

2. 什么是 SMART 原则?请详细说明其五个要素。

3. 大学生制订学业计划需要遵循哪些步骤?

4. 职业生涯规划方案应包括哪些主要内容?

5. 如何运用 SWOT 分析法进行自我分析?

四、案例分析题

小李是一名市场营销专业的大三学生,性格外向,沟通能力强,但学习成绩一般。他对销售工作很感兴趣,但担心销售工作压力大,不够稳定。同时,他的家庭希望他毕业后考公务员,获得稳定的工作。目前他正在考虑是直接就业进入销售行业,还是按照家人期望备考公务员,也不确定自己未来的职业发展方向。

请运用本模块所学知识,为小李进行职业生涯规划分析。

1. 运用 SWOT 分析法分析小李的优势、劣势、机会和威胁。

2. 根据职业目标设定的原则,为小李提出职业发展建议。

3. 为小李制定大学剩余时间的学业计划要点。

五、实践训练题

请按照本模块介绍的方法和步骤,完成以下任务。

1. 对自己进行 SWOT 分析，制作 SWOT 分析表。
2. 运用 SMART 原则制定一个具体的短期职业目标。
3. 制订你的大学学业计划(包括学习、实践、能力提升等方面)。
4. 设计你的职业生涯规划方案框架(列出详细目录)。
5. 撰写一份完整的个人职业生涯规划方案(不少于3000 字)。

模块 6

职业素养提升

课前导入

兴趣与责任的平衡

有一名领导曾问下属一个问题："如果你感兴趣的事情你的上司偏不让你做，而你不感兴趣的事情上司偏让你做，这时候，你会怎么办？"

下属说："和上司沟通。"

"如果沟通不成呢？"

下属说："那我要告诉他，不为结果负责任。"

这个问题成熟的回答应该是怎样的？我们必须先搞清楚兴趣和职业如何匹配。

对于个人来讲，一定要做自己感兴趣的工作。几乎每个人都知道，如果要长期发展，就要有动力，而兴趣是人发展中最重要的动力。但是，在现实中，很多人在选择职业时嘴里说着要"做自己喜欢的"，实际行动中，选择的却是"看似不错的行业""容易进入的企业""待遇不错的工作""听上去有发展前景的事业"。

对于职业人来讲，不仅要有兴趣，还要有责任。工作，经常是一部分让你感兴趣，也有一部分让你不感兴趣。每个人都会在工作中遇到兴趣和工作的冲突，这个时候，成熟的职业人会采取"暂时忍耐"的策略，以工作需要为重。

对于职业人来讲，兴趣与职业的匹配是一个渐进和艰难的过程，很多时候不得不暂时放弃自己的兴趣。职业人必须明白一个事实，那就是：兴趣是可以培养的，兴趣也是可以管理的；有的时候，可以放弃一种旧兴趣，更换一种新兴趣，可以推后一个强兴趣提前一个弱兴趣，还可以让部分兴趣"远离职业"，放在休闲中满足。

从职业生涯规划的角度来说，当一个人能够做到兼顾兴趣和责任的时候，持久发展的可能性会更大。

思考：

1. 通过阅读，你对职业责任有什么新的认识？
2. 就你所学专业而言，你认为最重要的职业素养是什么？

学习目标

知识目标

(1)理解职业素养的基本内涵、特征和重要性。

(2)掌握职业角色转换的基本规律和适应策略。
(3)了解职业核心素养的构成要素和培养要求。
(4)认识实践能力在职业发展中的关键作用。
(5)熟悉各种通用职业技能的培养途径和方法。

技能目标

(1)能够塑造良好的职业形象并规范职业礼仪。
(2)能够适应从学生向职业人的角色转换。
(3)能够掌握沟通协调、团队合作等核心职业技能。
(4)能够解决实际问题并具备持续学习的能力。

素质目标

(1)树立正确的职业价值观和职业道德观念。
(2)培养积极的工作态度和强烈的责任意识。
(3)形成良好的心理素质和抗压能力。
(4)建立终身学习和持续发展的职业素养理念。
(5)增强社会适应能力和职业竞争力。

思维导图

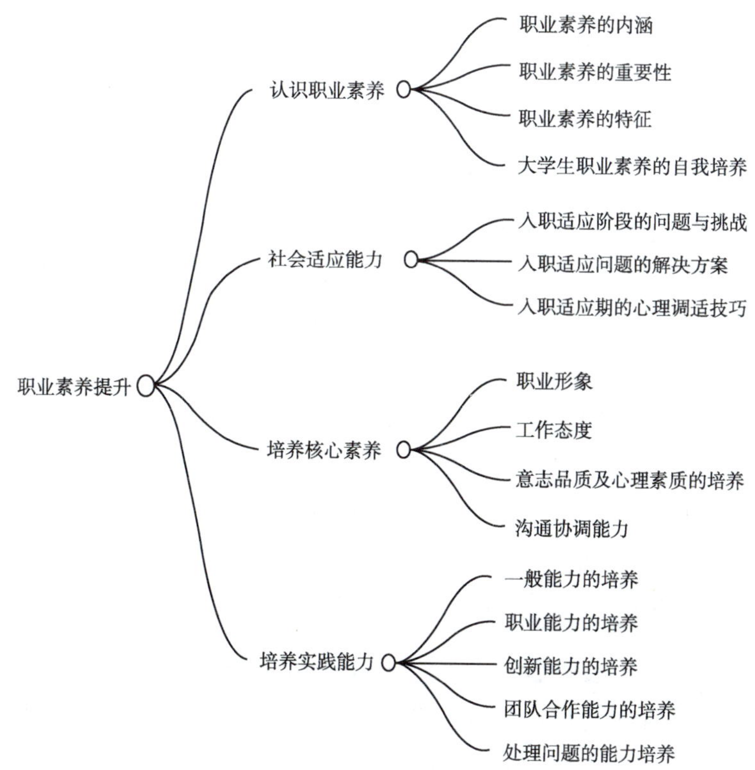

单元1 认识职业素养

职业素养提升

职业素养受到越来越多现代企业的重视，现代企业在招聘时更加关注求职者的职业素养。职业道德、职业态度等方面的综合素质成为企业考量求职者是否符合企业需求的重要方面。

一、职业素养的内涵

职业素养是指职业内在的规范和要求，是在职业过程中表现出来的综合品质，包含职业道德、职业技能、职业行为、职业作风和职业意识等方面。一般来讲，职业素养至少包含两个重要因素：敬业精神和良好的态度。

敬业精神就是在工作中将自己视为公司的一部分，不管做什么工作都要做到最好，发挥自身实力，且对于一些细小的错误能够及时更正。敬业不仅仅是吃苦耐劳，更重要的是用心去做好公司分配的每一份工作。

态度是职业素养的核心，良好的态度（如负责的、积极的、自信的、建设性的、欣赏的、乐于助人的）是成功的关键因素。

二、职业素养的重要性

良好的职业素养不仅能够帮助大学生提高就业竞争力，同时能帮助大学生适应职业发展的要求，提高胜任工作的能力。

（一）对个人发展的意义

从个人发展的角度来看，只有具备了良好的职业素养，才能在职场上开辟出属于自己的天地。个人缺乏良好的职业素养，就很难取得突出的工作成绩，更谈不上建功立业。

目前用人单位的选择余地越来越大，学历之外的职业素养受到用人单位的特别关注。多数用人单位在招聘员工时，更多考虑的是为本单位招聘所需要的人才，实现合理配置。求职者的职业素养成为用人单位一个重要的录用标准。

（二）对用人单位的价值

从用人单位角度来看，唯有具备较高职业素养的人才能实现求得生存与长足发展的目的，具备较高职业素养的员工可以帮助单位树立形象、节省成本、提高效率，从而提高单位在市场中的竞争力。

良好的职业素养能够帮助员工更好地理解和执行企业的战略目标，提高工作效率和质量，减少管理成本，增强企业的凝聚力和竞争力。

（三）对社会发展的影响

从国家的角度看，国民职业素养直接影响国家经济的发展。一个国家整体的职业素养水平，决定了这个国家在国际竞争中的地位和实力。提高全民族的职业素养，是建设现代化国家的重要基础。

因此，大学生只有具备良好的职业素养，才能成为受欢迎的职业人，才能为社会发展贡献力量。

三、职业素养的特征

（一）职业性

不同的职业对职业素养的要求有所不同，如对建筑工人的职业素养要求不同于教师的职业素养要求。每种职业都有其特定的素养标准和规范，体现了职业的专业性和独特性。

（二）稳定性

一个人的职业素养是在长期职业活动中形成的，会保持相对的稳定性。例如，一名教师经过几年的教学实践，逐渐形成相对稳定的教师职业素养，并且随着其继续学习、工作和环境的影响，这种职业素养还可能继续提升。

职业素养的稳定性表现在：一旦形成，就会成为个人行为的内在驱动力，在不同的工作环境和条件下都会表现出来，成为个人职业发展的重要资本。

（三）内在性

职业人在长期的职业活动中，经过自己学习、认识和亲身体验，知道怎样做是对的，怎样做是不对的，这样有意识地内化、积淀和升华心理品质，就是职业素养的内在性。我们经常听说，把这件事交给某人去做很放心，就是因为其内在职业素养好。

内在性体现了职业素养的深层次特点，它不是表面的行为模仿，而是发自内心的职业操守和价值追求。

（四）整体性

整体性是职业人的知识、能力和其他个性品质在职业活动中的全面表现。我们说某人职业素养好，不仅指其职业道德、专业素养好，还包括职业技能熟练、工作态度端正、人际关系和谐等方面的综合体现。

职业素养的整体性要求我们不能只注重某一个方面的发展，而是要全面提升自己的综合素质。

(五)发展性

一个人的职业素养是通过教育、自身社会实践和社会影响逐步形成的。随着社会的发展,对从业者素养的要求越来越高,为了更好地适应、满足时代发展和科技进步的需求,从业者需要不断提高自己的职业素养。

发展性体现了职业素养的动态特点,它会随着个人经验的积累、环境的变化、社会的进步而不断发展和完善。

四、大学生职业素养的自我培养

作为大学生,需要明确自己的职业规划,在大学期间应该学会自我培养职业素养。

(一)要培养职业意识

很多学生在跨进大学校门之时就认为已经完成了学习任务,可以在大学里尽情地“享受”了。这正是他们在就业时感到有压力的根源。

培养职业意识就是要对自己的未来有规划。因此,大学期间,大学生应明确“我是一个什么样的人?我将来想做什么?我能做什么?环境能支持我做什么?”着重认识自己的个性特征(如气质、性格和能力)及自己的个性倾向(如兴趣、动机、需要、价值观等),据此来确定自己的个性是否与理想的职业相符;同时,对自己的优势和不足有一个比较客观的认识,结合环境(如市场需要、社会资源等)确定自己的发展方向和行业选择范围,明确职业发展目标。

(二)配合学校的培养任务,完成知识、技能等显性职业素养的培养

职业行为和职业技能等显性职业素养比较容易通过教育和培训获得。学校的教学及各专业的培养方案是针对社会需要和专业需要所制定的,旨在让学生获得系统化的基础知识和专业知识,加强学生对专业的认知和对知识的运用,并使学生获得学习能力、培养学习习惯。

因此,大学生应该积极配合学校的培养计划,认真完成学习任务,尽可能利用学校的教育资源,包括教师、图书馆、实验室、实训基地等获得知识和技能,作为将来职业需要的储备。

同时,要充分利用学校提供的各种实践机会,如专业实习、课程设计、毕业设计等,将理论知识与实践结合,提高解决实际问题的能力。

(三)有意识地培养职业道德、职业态度、职业作风等方面的隐性素养

隐性职业素养是大学生职业素养的核心内容,这体现在很多方面,如独

立性、责任心、敬业精神、团队意识、职业操守等。事实表明，很多大学生在这些方面存在不足。

缺乏独立性使很多大学生失掉了工作机会。例如，在一次招聘中，一名来自上海某名牌大学的女生在中文笔试和外语口试中都很优秀，但在最后一轮面试中被淘汰。招聘人员问："你可能被安排在大客户经理助理的岗位，但你的户口能否进深圳还需再争取，你愿意吗？"结果，她犹豫片刻回答说："先回去和父母商量再决定。"缺乏独立性使她失掉了工作机会。

而过于喜欢抢风头的人被认为没有团队合作精神，用人单位也不喜欢。如今，很多大学生是独生子女，因此在独立性、承担责任、与人分享等方面表现不够好。因此，大学生应该有意识地在学校的学习和生活中主动培养独立性、学会分享、感恩、勇于承担责任，不要把错误和责任归咎于他人。自己摔倒了不能怪路不好，要先检讨自己，承认自己的错误和不足。

大学生应该加强自我修养，在思想、情操、意志、体魄等方面进行自我锻炼。同时，要培养良好的心理素质，提高应对压力和挫折的能力，善于从逆境中寻找转机。

单元2　社会适应能力

一、入职适应阶段的问题与挑战

从学生到职业人的转变是每个大学生必须经历的阶段。在这个过程中，大学生将面临来自角色转换的各种问题和挑战。

"角色"一词源自戏剧艺术，指演员通过表演塑造的各式各样的虚构个体。后来，"角色"一词逐渐被社会心理学采纳，并赋予了新的内涵——个体在社会生活中所扮演的不同社会身份。

在社会生活中，伴随着个人所处环境的不断变化，身上所肩负的社会职责或职业生涯也可能随之更迭，从而引发社会角色的转换。社会角色的转换通常被理解为个体从一个角色过渡到另一个角色的过程。正如戏剧中的表演者需变换所饰角色一样，人在不同的职业领域中也会相应地调整其行为模式，以适应不同的社会角色。

角色冲突在社会互动中是一种常见的现象。工作的变化、职位的提升、家庭成员结构的变动等都可能引发旧角色与新角色之间的摩擦。在旧角色与新角色的交替过程中，往往伴随着两者之间的冲突。然而，通过协调机制,我们可以将这种冲突的影响降至最低。有效的协调策略之一是角色学习,即通过培养新的观念和技能训练来增强个体在不同角色间转换的能力,从而实现身份的顺利过渡。

(一)学生角色与职业人角色的转换

从学生向职业人的过渡是人生中一个关键性的蜕变节点。根据社会心理学中的角色理论,高校毕业生在完成这一转变过程中,往往需要历经角色的冲突、角色的学习掌握以及角色的协调整合等多个阶段。因此,在踏入职场之前,大学生应当充分准备,促进自身角色的平稳过渡。

1. 学生角色向职业人角色转换的三个阶段

(1)在校园内参与实践活动是角色过渡的根基。

大学生通过参加与专业相关的工作和社会实践,不仅能够更加深入理解专业的内涵,还能有效提升自身专业技能水平。此外,社会实践活动也可作为角色过渡的缓冲期,助力大学生在毕业实习的过程中逐步适应职业人的角色。

在这一阶段,大学生应该积极参与各种校内外实践活动,如实习实训、志愿服务、社团活动、学科竞赛等,通过这些活动了解社会和职场的基本规则,培养职业意识和职业技能。

(2)毕业前的角色转换。

临近毕业,即将踏入社会的大学生站在了职业生涯的十字路口。在这一时期,大学生有必要深入了解心仪企业的特定要求和愿景,并依据实际情况调整自身的职业目标。为了实现从学生到职业人的角色转变,大学生必须客观地评估自己的职业定位,这对自身未来的职业发展具有决定性和长远的影响。

在这一阶段,大学生需要认真思考自己的职业生涯规划,主动了解行业发展趋势和企业用人需求,调整自己的知识结构和能力素质,为即将到来的职业生涯做好充分准备。

(3)见习期的角色转换。

初入职场,大学生需要适应新的工作环境和生活节奏。由于工作繁忙,可能需要经常加班,属于自己的时间会减少。这个阶段,大学生需要加强见习期的角色学习,提高自己的适应能力,以便顺利完成角色的转换。

见习期是大学生从理论走向实践、从学校走向社会的关键时期,需要尽快适应工作节奏,学习工作方法,融入团队文化,建立良好的人际关系。

2. 职业角色的基本要求

对于初入职场的大学生而言,要想在职场上迅速站稳脚跟并融入团队,赢得同事的信任与上司的认可，以下几个方面的自我提升显得尤为关键。

(1)塑造良好的个人品质。

刚入职的大学生应当展现出谦逊与真诚的品质，对经验丰富的同事给予应有的尊重，并恰当地展示自己的才识。利用业余时间参与交流活动，让同事更好地了解自己的性格特点和价值观念，从而缩短彼此间的心理距离，建立友好的同事关系。

良好的个人品质包括诚实守信、谦虚好学、积极向上、乐于助人等，这些品质是赢得他人信任和尊重的基础。

(2)树立责任意识。

刚入职的大学生都满怀对未来的美好憧憬，渴望在职场上大展宏图。但在短时间内，大学生不会被委以重任，往往需要从基础的辅助性工作开始做起。对此，大学生应该以满腔的热情、严谨的责任感和专业的工作态度去完成每一项工作，通过不断积累经验，提升自己的工作能力。

责任意识体现在对工作的认真负责、对结果的承担、对团队的贡献等方面，是职业人必备的基本素质。

(3)形成务实的工作态度。

刚入职场的大学生往往具有较强的自尊心和自主意识，期望能够独立完成任务并取得成就。然而，工作中难免会出现失误，面对错误应勇于正视问题，深入分析原因，吸取教训，勇于承认并纠正错误，以赢得领导和同事的理解和支持。同时，要保持谦逊的学习态度，积极向他人请教，防止同样的错误再次发生。

务实的工作态度要求我们脚踏实地，从小事做起，不好高骛远，不急功近利，踏踏实实地做好每一项工作。

(4)重视并充分利用岗前培训机会。

对于刚入职的大学生而言，岗前培训是极其关键的一环。通过培训，大学生可以更好地了解单位的基本状况、规章制度和工作流程，同时有助于培养协作精神和奉献意识。岗前培训不仅能够体现个人的基本素质，也是单位选拔和分配岗位的重要参考。因此，刚入职的大学生应当珍惜并充分利用这一机会，通过在培训中的表现展示自己的才华，提高自己的职业竞争力。

(二)职业角色转换中常见的错误

在学生向职业人角色转变的过程中，一些常见的问题和挑战往往会影响大学生顺利完成这一过程。由于社会因素、家庭因素，以及个人认知、心理和情感等多方面的影响，一些大学生可能会在心理上产生角色转换的困难。

1. 对学生角色的依恋

一些大学生在职业生涯的初期，可能会对自己的学生角色产生过度依恋。过于怀旧导致其无法适应新的工作环境和角色要求。在处理工作问题时，大学生可能会习惯性地用学生的思维方式来考虑，从而影响其工作效率和职业发展。

学生角色的特点是以学习为主要任务，有相对固定的作息时间，有教师的指导和帮助，有同学的陪伴和支持。而职业角色则要求独立承担工作责任，面对复杂的人际关系，处理各种突发问题。

2. 对职业角色的畏惧

有些大学生在刚进入职场时，可能会对未知的工作环境和职责感到害怕、缺乏自信。因为害怕承担责任、害怕出现错误或失败，从而影响其工作表现和职业发展。这种畏惧心理往往源于对自己能力的不自信、对职场环境的不了解、对失败的恐惧等，需要通过逐步适应和积极调整来克服。

3. 自傲心态

有的大学生可能会对自己有过高的评价，认为自己具备足够的知识和技能，可以胜任更高层次的工作，因此可能会轻视基层工作，认为在这种岗位上自己的才华和能力得不到充分的发挥，从而导致其无法在工作中积累必要的经验和技能。

自傲心态会影响大学生与同事的关系，阻碍其学习和成长，最终限制其职业发展。

4. 浮躁作风

部分大学生在步入职场、适应新身份的过程中，会因为社会环境的影响，展现出不稳重的心态和行为上的波动。他们往往频繁地更换工作或无法专注于一项工作，导致无法深入了解工作性质和职责，也无法积累必要的工作经验。

浮躁作风的表现包括工作三心二意、经常跳槽、缺乏耐心、急于求成等，这些都不利于个人的职业发展。

二、入职适应问题的解决方案

要适应新的工作环境、顺利完成角色转换，大学生有必要在步入职场之际，采用多项措施适应新环境。首先，要熟悉工作流程和所在单位的规则体系，构建新的人际网络，并积极投身于工作之中。此外，大学生还应培养与职业人身份相符的素质和技能，这样才能获得领导和同事的认可。同时，大学生需要在实际工作中不断锻炼和提高自己的能力。

(一)了解工作环境

作为一名刚入职的员工,尽快熟悉工作环境至关重要。工作环境不仅包括办公室布局、设施等物理环境,还包括组织文化、人际关系等软环境。对于大学生来说,了解并适应这些环境是顺利完成角色转换的基础。

1. 掌握企业的核心价值观

企业的核心价值观是一家企业的精神命脉,它塑造了企业的工作氛围和员工行为准则。通过阅读公司手册、参加新员工培训及观察公司内部活动等方式,深入了解公司企业文化,使自己的行为符合公司的价值观和理念。

企业文化包括企业的使命、愿景、价值观、行为准则、管理理念等,这些都是指导员工行为的重要标准。新员工要认真学习和理解企业文化,并在实际工作中践行。

2. 了解工作流程和具体要求

通过与上级领导、同事交流,以及阅读相关文件资料、实际操作等方式,了解公司的工作流程、管理规定、岗位职责等内容,确保工作能够高效、准确地完成。

其中,工作流程包括业务流程、管理流程、操作流程等,了解这些流程有助于新员工快速上手工作,避免出现错误和失误。

3. 了解行业和市场竞争状况

通过阅读行业报告、行业知识,参加专业培训等方式,了解所处行业的市场动态、发展趋势和竞争格局,有助于更好地理解职业角色和作出正确的职业决策。

其中,行业知识包括行业发展历史、现状、趋势、主要企业、技术发展、政策环境等,这些知识有助于新员工更好地理解自己的工作价值和发展前景。

(二)踏实工作,积极学习

一旦熟悉了工作环境,接下来要做的就是踏实工作,并在工作中不断学习和成长。在工作中遇到问题时,不要回避或拖延,要及时向领导或同事请教,寻求解决方案。同时,要主动承担工作职责,积极争取参与更多项目和任务的机会,从而提升自己的职业能力。

踏实工作要求我们:认真对待每一项工作任务,注重工作质量和效率,按时完成工作,主动承担责任,积极配合团队工作。

除了在工作中学习之外,职场新人还要注重个人成长。可以利用业余时间参加培训课程、阅读专业书籍，以此提升自己的知识和技能水平。通过不断学习和积累经验增强自己的竞争力，为职业发展奠定坚实基础。

（三）重视岗前培训

如前所述，岗前培训是新员工融入单位的重要机会。在培训过程中，要认真听讲、积极参与互动，争取给领导和同事留下良好的印象。通过岗前培训，新员工可以更全面地了解单位的规章制度、工作流程和团队文化，也能结交新同事、建立人际关系网络。在培训过程中，新员工要虚心学习、积极提问和交流，努力提高自己的综合素质和能力水平。

（四）培养职业兴趣

职业兴趣是指一个人对待工作的积极态度和热情程度。培养职业兴趣，首先要认识到工作的价值和意义，了解自己所在岗位的重要性。其次，要树立正确的职业观，选择适合自己的职业方向，避免盲目跟风或追求热门职业。在工作中，要充分发挥自己的特长和优势，提高工作效率和工作质量，同时要注重与同事的协作配合，共同完成工作任务。通过不断努力和实践，逐渐培养自己的职业兴趣和责任心。

（五）虚心请教和学习

作为职场新人，面对新的工作环境和工作任务，难免会遇到困难和挑战，此时要保持谦虚的态度，虚心向领导、同事请教和学习。通过与同事沟通交流、学习工作经验和技巧，不断拓展自己的知识面和提高技能水平。同时，要善于观察和思考问题，勇于尝试新的方法和思路，从而提高自己的创新能力和应变能力。通过虚心请教和学习，不断提升自己的综合素质和能力水平。

（六）乐于奉献和担当责任

作为一名职场新人，要树立高度的责任感并勇于奉献。在工作中，要积极主动地承担工作任务和责任，不怕苦、不怕累，勇于挑战和突破自己。同时，要注重团队合作和分享精神，与同事共同完成工作任务、共同成长进步。在工作中遇到问题时，要勇于承担责任，不推诿、不抱怨，积极寻找解决问题的方法和途径。乐于奉献和担当责任，树立良好的职业形象和口碑。

三、入职适应期的心理调适技巧

为了适应职业角色所带来的心理变化，大学生应重点理解职业身份的内涵，在岗位上找到自己的定位。职业角色是个人通过掌握的技能为社会付出、独立作业，并承担个人行为的责任。毕业生入职后应迅速摆脱学生思维，全情投入到职业生涯中，认识到就业的多变性，无论是起始职位低于预期还是面临期望与现实之间的差距，都应视为暂时的。真正有能力的人才终将得到认可，这需要大学生有勇气并坚持克服工作带来的挑战。

毕业生入职后在工作中必须对自己的行为承担责任，因为任何失误都可能给企业带来损失，并遭受他人的批评。学会缓解工作压力，是顺利进入角色的关键。在这一阶段，毕业生心理调适的焦点应放在适应工作节奏、提出建设性的意见和创新构想、展现个人能力上，并为承担更关键的任务做好准备。

毕业生入职后需要像初学者一样重新学习，虚心向经验丰富的同事求教，持续扩展自己的专业知识并提升专业技能，运用所学知识解决问题，培育独立见解、发展独立工作的能力，以更好地履行职责。同时，毕业生应融入团队，构建良好的人际关系网，为企业创造效益，作出积极贡献。

在职业角色的适应阶段，毕业生应冷静思考，迅速明确自己的职业选择。在对工作、环境和行业有了充分了解后，应对自己的职业现状进行反思。选择与自己相匹配的职业至关重要。毕业生应客观评估自己对工作的适应性、能力水平和对未来职业的规划，在此基础上，挑选适合自己的职业道路，激发个人兴趣、实现人生目标，并在所选职位上出色发挥。

在选择角色阶段，毕业生应保持平和的心态，不轻易跳槽或攀比。如果目光短浅、眼高手低，稍不如意就辞职走人，会给用人单位和自己带来损失。毕业生需要善于抓住机遇，通过兢兢业业、踏实的工作迈向成功。

单元 3　培养核心素养

提升职业素质的过程，也是大学生逐步实现社会化的过程。用人单位对求职者的职业素质需求，对学生的发展有很好的导向作用。

一、职业形象

个人的职业形象主要指容貌、魅力、风度、气质、服饰、谈吐、仪表、仪态等外在的东西。我们日常接触到的种种职业形象，就像介绍信一样写在每个职业人的脸上、身上，是个人职业生涯的标志，对职业成功有着重大的意义。职业形象要与个人职业气质、年龄、工作场所风格、工作特点、行业要求相符合。

（一）服饰

衣着打扮、言谈举止，对个人的职业发展有重要的影响。不得体的着装传达给上司的信息是重要的任务不能放心托付，不正确的着装传达给客户的信息是不尊重客户。因此，在即将踏上事业道路之前，要花点时间学习一下塑造良好形象的技能。

如何选择正确的职业服装呢？不同的用人单位标准是不一样的，要根据用人单位的文化、历史传统、产品和服务性质等来确定。服装穿着的规则有以下几个：

（1）三色原则：全套装束颜色不超过三种。

（2）三一定律：皮鞋、手袋、皮带的颜色要保持一致。

（3）三大禁忌：穿西装必须打领带，西装上的标签必须拆除，穿深色西装不可以配白色袜子。

（4）TPO 原则：把握时间（Time）、地点（Place）、场合（Occasion）。

（二）容貌

1. 发型

男士发型的统一标准是整洁利落，需经常理发，头发不能过长。男士根据自身的特点（五官）确定发式，非特殊原因不留光头。

女士发型应整洁、美观、大方，最好不要留“新、奇、特”的发型。长发应该扎起来或盘起来，避免散发披肩影响工作。

2. 面部修饰

男士要每天剃须修面，在商务活动中注意保持口气清新。胡须要修剪整齐，鼻毛不能外露。

女士在参加比较正式的活动时，面部应化淡妆，不宜浓妆艳抹，要符合职业特点和年龄特征。

（三）基本礼仪

1. 电话礼仪

接电话时应用“您好”，勿用“喂”，确认来电人的单位或姓名，了解来电事项，依据情况进行解答，如不能解答，要记录重要信息并表示会尽快处理。结束通话时要礼貌道别，让对方先挂电话。

需要注意的是：不要在办公电话里谈私事和闲聊；接到投诉之类的电话，千万不能与对方争吵；开会、会客或出席重要活动时要关闭手机或者调成静音；打电话时要选择合适的时间，避免在休息时间打扰他人。

2. 办公室礼仪

办公室礼仪最重要的一点是，要对他人（包括上级、同事和下级）表现出尊重,尊重他人的隐私,尊重他人的习惯,未经允许,不要随意翻阅他人资料。工位要整洁,尽可能不在办公区域用餐。谈话声音要适当控制,彼此都能听到就可以了,避免打扰他人。

进入他人办公室要先敲门,得到允许后再进入;离开时要轻声关门;借用他人物品要征得同意,用后及时归还;保持办公环境的整洁和安静。

3. 与别人交谈时的礼仪

谈话时目视对方,面带微笑,注意礼貌用语,语音、语速适中;要善于倾听别人说话,不信口开河,兼顾在场的所有人;说话要注意内外有别,严守机密,不传闲话和议论他人等。

交谈中要注意语言的准确性和条理性,不使用粗俗语言和方言;要学会适时插话和转移话题;对不同文化背景的人要表现出理解和尊重。

4. 握手礼仪

握手是一种沟通思想、交流情感、增进友谊的重要方式。握手要求注视对方的眼睛,面带微笑,稍微寒暄,稍许有力;脊背要挺直,不要弯腰低头;要大方热情,不卑不亢;长辈或职位高者要先向晚辈或者职位低者伸手;女士要先向男士伸手;男士与女士握手,一般只宜轻轻握女士手指部位,不应用力过大,或时间过长;非特殊情况不要用双手或左手跟别人握手。

握手时间一般控制在3~5秒,力度适中,既不能软弱无力,也不能过分用力;要注意手部的清洁,冬天握手前要脱掉手套。

5. 拜访客户的礼仪

拜访客户务必准时。如果临时有事,或者遇到了交通阻塞,一定要立即告知对方,并告知对方你预计到达的时间。当你到达时,要先告诉接待员你的名字和约见时间,递上名片以便接待员通知对方。当你被引荐到客户的办公室时,如果是第一次见面应做自我介绍,如果已经认识了,则互相问候、寒暄并握手。要尽快将谈话引入正题,直接谈你要说的事情。说完后,让对方发表意见,并认真倾听,不要辩解或打断对方讲话。你有其他意见的话,可以在对方讲完之后再说。

拜访前要做好充分准备,包括了解客户情况、准备相关资料、确定拜访目的等;拜访中要注意观察客户的反应,及时调整交流策略;拜访结束后要及时跟进,保持良好的客户关系。

员工的个人形象在很大程度上代表了单位的形象,每一名员工都应该为塑造良好的单位形象而努力。对于即将走出校门的大学生而言,能否做到知礼守礼和恰如其分地彰显自己独特的形象气质,将决定其能否顺利进入职场。好的职业形象将对大学生的职业发展产生重大的影响。

二、工作态度

（一）树立责任意识

刚走上工作岗位，用人单位一般先安排简单的辅助性工作，但有的大学生很不愿意，认为这是大材小用，结果没有工作热情，甚至闹情绪。这是缺乏责任意识的表现，会影响职业生涯的发展。无论领导分配什么任务，都要有满腔的工作热情和强烈的责任感。

责任意识包括以下几个方面：对工作结果负责，不找借口推卸责任；对工作质量负责，精益求精，追求卓越；对工作时间负责，按时完成任务，不拖延；对团队负责，积极配合，共同进步；对客户负责，提供优质服务，维护企业形象。

（二）做好小事

做好小事可以从以下几方面努力：第一，关注小事，如寝室卫生，如果每天能自觉地搞好寝室卫生，坚持把这件事做好，就能养成良好的卫生习惯。第二，以平常心做平常事。以平常之心对待平常之事，脚踏实地做好每一件事。第三，做好小事才能做好大事。能把小事坚持做到最好，必须具备锲而不舍的精神、脚踏实地的作风，做好了小事会提升自己做好大事、获得成功的素质。

做好小事的意义在于：小事是大事的基础，只有把小事做好了，才能有机会做大事；小事能够锻炼人的耐心和毅力，培养良好的工作习惯；小事能够体现一个人的工作态度和敬业精神；小事做好了，能够赢得他人的信任和认可。

（三）培养敬业精神

敬业精神是职业道德的核心内容，是做好本职工作的基础。敬业精神具体体现在热爱本职工作，对工作充满热情；认真履行职责，尽心尽力完成任务；严格要求自己，不断提高工作标准；勇于承担责任，敢于面对挑战；持续学习改进，追求工作的完美方面。

培养敬业精神需要从以下几个方面着手：树立正确的职业价值观，认识到工作的意义和价值；培养职业兴趣，在工作中寻找乐趣和成就感；制定工作目标，为实现目标而努力奋斗；加强自我约束，养成良好的工作习惯；积极接受挑战，在困难中磨炼意志。

三、意志品质及心理素质的培养

现在的大学生大多是独生子女，父母竭尽全力为其创造良好的学习生活条件，大多没有受过挫折教育，从小学到大学可以说是一帆风顺，因此不少大学生意志不坚定、缺乏吃苦耐劳的精神。

（一）意志品质的培养

良好的意志品质是在社会活动过程中逐步养成的，而意志品质是大学生成才的重要保证，也是其成功的一个必要条件。勤奋、能吃苦、有自制力、有毅力、勇敢、有奋斗精神，都是意志品质的具体表现。一个人具有坚强的意志品质，做事情就不会半途而废，而是自觉地选择适当的方法来克服困难，实现目标。

小贴士

培养意志品质可以通过以下途径：

（1）确立明确的目标。有了明确的目标，才能有坚定的方向，才能在困难面前不退缩、不动摇。

（2）从小事做起。通过完成一件件小事来锻炼自己的意志力，逐步提高自己克服困难的能力。

（3）主动接受挑战。不要回避困难，要主动迎接挑战，在挑战中锻炼和提高自己。

（4）培养良好习惯。通过养成良好的生活和学习习惯，来培养自己的自制力和持久力。

（5）学会自我激励。在遇到困难和挫折时，要学会鼓励自己，保持积极的心态。

（二）心理素质的培养

当代大学生比较欠缺良好的心理素质，具体表现是：缺乏适应能力和自立能力；缺乏竞争意识和危机意识；缺乏自信心，依赖性强；缺乏社会责任感；缺乏艰苦奋斗的精神和承受挫折的能力；等等。

心理健康的标准是有充分的安全感，对自己的能力能作出恰如其分的判断；生活目标切合实际，与外界环境保持接触，保持个性完整；具有一定的学习能力，有良好的人际关系，能适度地表达和控制自己的情绪；有限度地发挥自己的才能与兴趣爱好以及在不违背社会道德规范的前提下，个人的基本需求得到一定的满足。

大学生要有健康的身心素质，保持乐观的情绪，在学习、生活和工作中有效驾驭自己的情绪活动，自觉地控制和调节情绪；能正视挫折，遇到挫折时冷静分析原因，找出问题的症结，充分发挥主观能动性，想办法战胜挫折。

小贴士

心理素质的培养方法包括：

(1)加强心理健康教育。学习心理健康知识，了解心理发展规律，掌握心理调节方法。

(2)积极参加体育锻炼。体育锻炼不仅能够强身健体，还能够锻炼意志，培养团队精神。

(3)培养兴趣爱好。通过培养健康的兴趣爱好，丰富精神生活，缓解学习和工作压力。

(4)建立良好的人际关系。通过与他人的交往，学会理解和包容，提高人际交往能力。

(5)寻求专业帮助。当遇到严重的心理问题时，要及时寻求专业的心理咨询和治疗。

因此，大学生要学习心理健康知识，提高心理健康水平，增强抵御挫折的能力。要积极参加丰富多彩的校园文化活动，如学生社团活动、科技文化活动、职业素养竞赛、职业素质拓展等，把自己培养成适应社会需要的综合型人才。

四、沟通协调能力

在工作中，任何一件事情都不是独立完成的，而要与团队中的其他人合作完成。在完成工作的过程中，需要不断地与同事达成共识，而沟通能够帮我们达成共识。在团队中，被淘汰的人通常是那些不愿与团队中的成员充分沟通和交流的人。与同事、领导有效沟通，是融入职业岗位的重要保证。

(一)沟通的基本内涵

沟通是为了特定的目标，把信息、思想和情感在个人和群体间传递，并达成共同协议的过程。在沟通的过程中要注意信息的交流，听取对方的想法，然后将自己的想法告诉对方。沟通就是信息不断在双方间进行交流，最后达成共识的过程。

有效的沟通应该具备以下特点：目标明确，知道要达到什么目的；信息准确，传递的信息要真实可靠；渠道畅通，选择合适的沟通方式和途径；反馈及时，能够及时了解对方的反应；效果良好，能够达到预期的沟通目标。

(二)有效沟通的技巧

工作中绝大多数的失误，是由于沟通不畅造成的。沟通技巧就是以合适的方式进行信息和情感的交流,以便与对方达成共识。

1. 学会倾听

善听才能善言,切忌打断他人的谈话,否则会被视为不礼貌和缺乏修养的人。一个谦虚好学的人,一个懂得善待他人的人,一个会反思的人,永远懂得倾听。无论什么时候,倾听都显示出一个人的职业素养,学会倾听是一种美德、一种修养、一种气度。

倾听的技巧包括:保持专注,全神贯注地听对方讲话;适时回应,通过点头、“嗯”等方式表示理解;不要轻易打断,尽量让对方把话说完;记录要点,对重要信息进行记录;提出问题,通过提问来确认及理解。

2. 有效表达

“说”就是将自己的信息、想法说出来,然后去听取对方的意见。尤其是当我们的意见与对方的意见有分歧甚至相左时,一定要问清楚对方那样说的理由。

表达的技巧包括:条理清晰,按照逻辑顺序组织语言;语言简洁,避免冗长和重复;语调适中,根据内容调节语调高低;态度诚恳,以真诚的态度与人交流;举例说明,通过具体例子来阐述观点。

3. 非语言沟通

除了语言沟通,非语言沟通也很重要。非语言沟通包括面部表情、手势动作、身体姿态、眼神交流等。要注意保持良好的身体语言,且与语言内容保持一致。

4. 跨文化沟通

在多元化的工作环境中,要学会与不同文化背景的人沟通。要了解各国的文化差异,尊重他人的文化习俗,避免文化冲突。

有效沟通的秘诀:真诚、尊重、理解、赞美、换位思考。

沟通黄金定律:你想怎样被对待,你就怎样对待别人。

沟通的白金定律:以他人喜欢的方式去对待他们。

案例分析

某公司中国区的总裁回办公室拿东西,到了门口才发现没带钥匙,这时他的秘书已经下班了。他很生气,在第二天凌晨给秘书发了一封措辞非常严厉而且语气相当不客气的“谴责信”。

总裁给秘书的信内容大致是:批评秘书做事不周全,没有考虑到总裁可能需要回办公室,要求秘书今后在下班前必须与所有经理确认无事后才能离开。

两天后,秘书给总裁回信,语气之强硬、措辞之严厉,丝毫不输来信。秘书在信中指出:第一,锁门是为了安全考虑;第二,总裁忘带钥匙是自己的问题;第三,下班后的时间是个人时间;第四,希望总裁注意说话的语气;第五,强调自己工作尽职尽责;第六,没有猜想的必要。秘书把这封信连同总裁的原信抄送给了该公司中国地区的所有员工。

思考:导致问题发生的原因是什么?是不是沟通出现了问题?如果你是总裁,你认为最佳的处理方式应该是什么?如果你是总裁的秘书,你认为最佳的处理方式应该是什么?

学习能力的养成

单元4　培养实践能力

通用职业技能是职业素养培养的落脚点。大学生不断提高自己各方面的技能,对于今后职业发展非常有好处。提高技能,一方面是社会发展的需要;另一方面,也是为自己今后取得更高的职位做准备。相应的技能是大学生进入职业领域的资本,不同的职业对人会有不同的技能要求。

一、一般能力的培养

(一)自主学习能力

在社会快速发展的大背景下,学习能力属于职业领域当中非常关键的核心素质。学习能力的本质特征就是终身学习的理念,依靠多种方式和良好习惯完成有效的学习。自主学习能力指职场人士按照岗位的需求以及个人发展规划主动确定学习的目标并制订相应的方案,而且能根据外部因素的变化灵活调整策略,从而不断提高自己的综合素养。

在完成学业任务的时候,大学生要重点加强自主学习的能力,学会有效率的学习方法,给以后的终身学习打好根基。这个目的可以通过许多途径来达成。

1. 树立正确的学习态度

只有不断学习,才能有效地弥补个人能力的不足,提升个人综合素质和专业素质,增强个人的市场竞争力。在学习中要以坚定的信念、积极的态度作为支撑,把探索未知领域当作内在动力。必须彻底抛弃“毕业即学习结束”的错误观念,树立终身学习的观念。

2. 掌握科学的学习方法

大学生要从阅读策略改良、摘要提炼、笔记管理、知识体系搭建、疑难问题深入探究以及时间分配规划等诸多方面入手，塑造起系统的学习架构，从而改善学习效能。还要熟知各类辅助工具并合理整合资源要素，资源涵盖图书馆、网络及专业期刊等。

3. 尝试创新性学习方式

塑造多种学习体系，把自主学习、探究式学习、问题导向学习、批判性思维培育等要素融合进来，着重加强个人独立思考能力、自我管理技能、质疑探究意识及问题解决水平。重视过程中的反思与总结，随时调整学习策略以契合特定情况需求。

4. 养成终身学习的习惯

社会发展要求个体具备开放性学习态度、主动应变的意识以及探索新事物的能力，要形成系统化的终身学习体系，不断完善知识架构和专业能力结构，以此来改善个人素质及发展潜力。

（二）语言表达能力

语言表达能力是指个体通过语言文字来阐述自己的思想内涵、传递情感意蕴、展示认知成果的能力。在人际交往中，语言表达是主体呈现自身立场观点、获得并传播信息的主要媒介工具。提升语言表达能力的培养路径如下。

1. 努力学习和掌握相关知识

语言表达能力的提升要靠诸多核心素养的综合推动，理性思维、逻辑推理能力、广博知识积累以及人文精神的培养均包含其中。大学生群体应当系统学习专业理论知识，积极投身实践训练，重点研习演讲学、逻辑学、沟通学以及哲学、社会学和心理学等交叉学科。

2. 掌握相关表达技能与技巧的运用

恰当利用非语言交际技巧，依靠肢体语言、目光交流、面部表情来加强信息传达的力度。语言表达要力求简洁精确，结构紧凑，还要重视语音清晰度，语速合适，通过语调的改变体现出情感的起伏。可以适当采用排比句式、比喻修辞等文学表现手段，歇后语、典故之类的文化符号，从而优化表达的艺术品位和感染力。在沟通过程当中务必全方位地顾及受众的特性，依照即时收到的反馈灵活调整沟通策略，以精准符合受众的需求。

3. 积极参加各种实践活动

在校学习的时间里，积极参与各种有利于口语表现力增强的活动，比如演讲比赛、辩论会、班级会议以及学术研讨会等。要着重加强实践方面的锻炼，不断地练习并把上课学到的知识转变为自身的语言表达能力，在这个过程中也要加强对基本概念的认识程度，并借此提升自己的口语表述技巧及其交流效率。

想要提升语言表达能力就要有坚定的信念，付出长期的努力，通过系统学习、积极实践、深入思考以及适当调整这些方法，才能够做到持续改进，并且收获明显的效果。

（三）文字表达能力

文字表达能力是交流与表达思想的工具，也是学好专业和成就事业的关键。书面表达能力的核心要素有逻辑严密性、艺术感染力、结构清晰度。在目前的教育环境下，这些核心素养对未来大学生职业发展具有重要的战略意义。

部分大学生在职场常常出现书面表达能力欠缺的情况，主要表现在写作时缺少清晰的开篇思路，语言组织杂乱无章，逻辑结构不清楚。在撰写通知、申请等公文类文本的时候也存在格式不规范的现象。如果这种情况不能得到妥善解决，将会给他们的专业知识学习、求职发展以及职业规划带来不良影响。

（四）逻辑思维能力

逻辑思维是人类认知发展的显著标志，它依靠概念、判断及推理这些关键工具，对客观现实展开精确描绘。其核心在于运用科学抽象的方法来体现事物的内在规律，以一套系统的概念框架呈现出来。与形象思维相比，逻辑思维能力是促使认识进程顺畅运行的主要因素之一。

小贴士

培养自己的逻辑思维能力要从以下几个方面进行：

（1）多参加一些辩论赛。思想在辩论中产生，通过辩论，可以提升自己的逻辑思维反应能力。

（2）多做些形象思维和逻辑思维的基本知识训练，锻炼自己的思考方法和逻辑思维能力。

（3）选修哲学、文学、美学、艺术心理学、中国文化概论等人文课程，提高人文修养，学会理性分析，用分析的眼光看待问题。要富于挑战精神，打破一般思维的常规惯例，以宽阔的思路分析和解决问题，力破陈规。

（4）学习逻辑学基础知识，掌握概念、判断、推理等基本逻辑形式，提高思维的准确性和严密性。

（5）培养质疑精神，学会独立思考，不人云亦云，要有自己的见解和判断。

(五)组织管理能力

组织管理能力表现为个体为了实现一定目标而运用的多维资源整合调配的核心素养,是个人知识结构与综合技能的外在呈现形式。包括规划、执行、决策、指导、协调五种基本要素,是组织管理能力的内在本质。

大学毕业生就业制度改革的推进,使得具备良好沟通协作能力以及组织管理素质的人才成为用人单位所关注的重点。许多单位挑选人才的时候,早已不再仅仅依靠学历这个单一指标,而是看重综合素质和实践能力等多方面的情况。不只是着眼于学业成绩的改进,而且探究学生干部任职经历和社会实践的综合发展途径。从职业前景的预估角度出发,很多行业领域都比较看重从业人员的组织协调能力。在推动项目开展、制定战略规划、全面发挥团队潜力从而产生协同效应时,这种核心素养的作用尤为明显。

人际交往能力的养成

(六)社会适应能力

人与环境良性互动可以理解为相互适应和主动改造的辩证统一过程。"适应"指的是人们通过改变自身的行为方式去满足外界环境的需求;"改造"则是侧重于改善环境条件,使个体能够得到更好的发展。大学生群体除学习专业知识、加强实践技能以及提高道德修养外,还需要特别注重培养他们的社会适应能力这一核心素养。

社会适应能力包含两方面内容:一是能较快地适应特定职业环境;二是对全球发展态势、本土国情以及自身专业领域现状与未来走向有全面了解。只有这样,才能站在宏观角度把握世界格局和国家发展阶段,从而规划自己的职业发展道路,做到个人成长与国家战略目标相契合,进而给社会发展提供更为稳固的人才支撑。

(七)人际交往能力

人际交往能力是核心素养的重要组成部分,在情绪调节、心理健康发展、职业规划等方面发挥着重要作用。提升人际交往能力有着深远的实践意义,迫切需要建立科学系统的人际交往能力自主培养机制。

1. 正确认识自我与学会人际相处

正确地认识自己的优劣势,并且有效地克服过度自信的心理偏差,有着非常重要的现实意义。在人际互动当中,我们要努力去挖掘对方身上潜在的价值,而且要选择恰当的时机采用合适的语言和表达方式给出积极的回馈,这样才能为营造出高效和谐的人际关系网络奠定坚实的基础。

2. 多参与校园活动以提升交往能力

大学有许多社团组织,成员大多出于共同的价值取向或者兴趣偏好而自然聚集在一起。学生参与这些社团组织时,便能与持有相似价值观及兴趣偏好的同学形成联系,这种内在的一致性给友谊加深与巩固提供了关键的支持条件。

3. 学习社交知识并开展适度咨询指导

大学生可以借助研读人际交往方面的文献资料,全面学习并且探究社交技能的实际应用情况,而且对自身在互动过程中的行为表现加以反思剖析。绝大多数大学都设立了心理咨询中心,为在学生遇到复杂情形或者心理困扰的时候提供专业的干预帮助以及解决办法。

二、职业能力的培养

(一)职业能力的构成

职业能力作为多种能力的综合,可将其划分为职业品质和专业能力两个方面。

1. 职业品质

大学生职业品质是在职业活动的行为和工作中呈现出来的人的深层价值取向、思想意识和道德修养等特征,是职业能力体系中的重要内容。它包括了自主性、责任意识、专业精神、团队精神及职业伦理等诸多内容。这些内容无法用量化的标准来衡量,但它们会在求职面试、实习的过程中表现出来。目前不少大学生在这方面存在问题,如独立思考能力较差,过于注重个人的得失,遇到困难的时候会产生畏惧心理等,这些问题可能会对今后的职业发展带来不良的影响。

小贴士

职业品质的培养需要长期的积累和实践,包括:

(1)培养独立意识:学会独立思考、独立决策、独立承担责任。

(2)增强责任心:对自己的行为负责,对工作结果负责,对团队负责。

(3)树立敬业精神:热爱本职工作,精益求精,追求卓越。

(4)培养团队意识:学会合作,善于协调,共同进步。

(5)坚守职业操守:遵守职业道德,诚实守信,公正廉洁。

2. 专业能力

大学毕业生的专业能力主要表现在特定职业领域里所掌握的知识储备和实践能力。它的关键所在是依靠牢固的理论根基,促使基础学科与专业方向深度交融,而且要准确把握行业动态及前沿技术。应当以专业知识体系为中心,拓宽相关的交叉学科领域,构造系统而融贯的知识架构,这样既可以明显增强就业竞争力,又会得到用人单位的肯定。

专业技能的形成既要靠系统的理论知识积累,又要靠不断的实践探索和深度思考。仅仅依靠书本知识的学习很难保证相应能力的全面掌握。大学生要主动梳理自己的技能清单,分析自身技能与职业规划的差距,有针对性地制订提升计划,做到精准提升。

(二)大学生职业能力的培养途径

1. 在日常生活中培养

职业能力培养属于一项系统工程,它的形成要依靠日常全方位的锻炼,而且还要塑造出一种固定的行为模式和自觉意识。良好的习惯是推动一个人持续发展的关键要素,不良的习惯也许会变成限制个人进步的主要因素。

大学生职业能力准备应从培养良好习惯起步,践行诚信原则,规范自身行为方式。在与同学或者友人交往之时,要恪守既定承诺,按时参加各类活动;对于承担的责任务必尽心尽力;借用他人物品,要及时归还;重点体现尊师重教,关心同学,始终保持文明得体的处世态度,以此来彰显自己的高洁品质。通过不断践行养成,可以改善职业素养和礼仪水平,而且可以渐渐将其变成加强大学生就业竞争力的一个要素。

2. 在专业学习中积累

知识体系塑造及能力培育的关键之处在于坚持,而关键路径则是不断付出精力。大学生是思维活跃、充满朝气的学习者,正处在吸收新知、全面提升的最佳时期。专业学习中,学生要系统掌握核心理论知识,还要在导师带领下,深入探寻学科发展史及其前沿动态,强化实践技能和职业素养培养。应该努力做到理论与实践紧密结合,促使学习成果转化为实际应用能力,达到符合行业需求的专业素质标准,这是实现职业发展目标的重要保障,也是个体价值实现的强大支撑。

3. 注意非专业知识的积累

一些单位的招聘体系里,笔试是初筛环节的主要手段。考核内容已超出传统专业领域范围,把社会学、经济学、管理学及信息技术等学科知识纳入考核范围,而且给予较高的权重。这种综合性的评判目的在于全方位考查求职者的综合素质和职业发展潜力,这符合社会融合的基本需求,也符合个人终身发展的内在需求。大学生要尽力拓宽知识范围,改善知识结构,既加强专业技能训练,又重点塑造应用型跨学科知识体系,从而提升自己的职场竞争力。

有专长的大学毕业生在就业市场中具有一定优势。有书法、绘画、音乐创作、文学创作专长的人才,其职业发展路径也多样。因此,大学生要努力提高自己的艺术修养,深入挖掘并整合自己的兴趣与特长。

4. 在社会实践中体验

作为提升综合素养的关键路径,实践环节有着无法取代的地位。各种各样的社会实践活动为人的全面发展提供了强有力的支撑。在目前的高等教育体系里,大学生普遍存在着重书本轻实践的状况,造成社会经验的累积比较少。要最大限度地依靠实习实训和社会实践的平台,促使理论知识向实践能力转变,验证所学知识的实际应用价值以及是否符合职业需求,评判个人职业技能水平。这不但有益于大学生加深对社会运行规律、行业发展走向以及自身特点的认识,而且能够激起他们职业认同感、责任感和成就感。

大学生要积极融入组织之中,去探究组织文化内涵,观察员工职业素养,还要系统地学习岗位规范,提升自身专业技能;可以找机会去采访那些优秀的校友或者行业专家,从他们身上吸取成功的经验,扩大自己的职业认知和社会人脉资源;还可以参加一些社会调研活动,加深自己对行业发展走向的了解。

搭建起以大学生群体特性和社会经济文化环境为基础的分析框架,联系特定区域的经济、政治、文化生态状况,汇集本专业往届生的职业发展轨迹,再结合实地调研获取用人单位对学生实际工作表现的反馈数据,准确把握用人单位对人才需求变化的规律,为学生制定科学的学业规划和职业发展路径提供理论支撑。

三、创新能力的培养

在市场化经济体系里,大学毕业生若想达成职业发展,就务必具备创新意识和才能并掌握实际操作能力。而创新才能是评判人才素质的重要指标,逐渐变成了用人单位挑选人才的主要依据。

创新包含思维革新、产品改良、技术路径改变、组织架构重组、制度体系完善、管理模式更新以及文化内涵提升等诸多方面。要想顺应创新发展需求,大学生就得在平时的学习中,充分利用已有的资源,着重培养自己的创新意识,加强创新思维的训练,塑造创新型的人格特质,扩大相关领域的知识积累。

教育阶段是个人发展的关键环节,在高等教育阶段培育创新型人才具有得天独厚的优势。有关研究显示,处于 20 ~ 30 岁的年龄层的人群表现出明显的创新潜能并收获了大量研究成果。这个时期的人拥有旺盛的思维活力、丰富的体力积蓄，还兼具敏锐的洞察力和独树一帜的思考模式，伴随着强烈的好奇心和求知欲，这样的特点同创新实践活动非常匹配而且相互促进。

要塑造创造性素质并发展创新能力，就需从诸多角度来综合加强核心能力体系，包含自主学习能力、问题解决能力、批判性思维能力、研究探索能力、沟通表达能力、审美鉴赏能力、情绪调节能力、社会交往能力、实践操作能力及团队协作能力这些要素。

大学生要积极加入多元化的科研创新实践平台，诸如学术研讨小组、专业领域社团及兴趣导向型组织等；通过参加具有明显专业属性的课外学术竞赛、科技创新活动或者发明项目，可以有效地增强他们的创新意识，并且提升其实践能力。

团队合作能力的养成

四、团队合作能力的培养

把不同性格的人组合在一起，在一个规则、一个系统下，为一个共同的目标而奋斗，即形成一个团队。社会的发展和人与人之间交往活动的日益频繁，使人越来越依靠团队的力量。如今，即使是专业技术人员，同样需要一个团队。仅靠个人的力量，很难使事业成功。

团队精神，是指组织成员对组织感到满意与认同，自觉地以组织的利益和目标为重，在各自的工作中尽职尽责，自愿并主动与其他成员积极协作、共同努力奋斗的意愿和作风。用人单位看重员工的团队精神，是因为任何一个项目单靠个人的力量是不可能完成的，它需要各种英才的汇集，发挥团队的智慧，同时辩证地处理好合作与竞争、个体意识与团队意识的关系。员工只有具备了团队精神，才能更好地融入团队，协调好内外部的关系，进一步拓展市场和业务。

大学生培养团队合作精神，应抛弃个人主义、自私自利的观念，在日常学习生活中，有目的、有计划地参与各种竞赛、学生社团、体育运动、科技文化等集体活动，在活动过程中自觉加强纪律观念和增强大局意识，培养团队意识和协作精神。

五、处理问题的能力培养

学会处理问题是一个人立世和成事的根本。人每天都会面对一些问题，这是不可避免的，也不可怕，关键在于怎样处理。善于处理问题是一个人综合素质的集中体现，是实践能力的核心，更是职业能力的重要组成部分。学会处理问题可以改善社会环境、工作环境，乃至心理环境。

要提高处理问题的能力不是朝夕之功，而是一个逐渐积累的过程。可以从以下几方面着手。

（一）培养问题意识

要善于发现问题。在日常学习和生活中，要保持敏锐的洞察力，及时发现存在的问题和潜在的风险。要学会从不同角度分析问题，不要局限于表面现象。

（二）提高分析能力

面对问题时不慌张，辩证地分析问题产生的原因、可能造成的后果。问题出现后，可以向别人求助，但要明确自己才是解决问题的主体。因此，遇到实际问题时，要独立思考、仔细分析、冷静全面地寻找问题的症结。

要学会运用科学的分析方法，如因果分析法、系统分析法、比较分析法等，深入了解问题的本质和根源。

（三）掌握解决方法

处理问题时不怯场，讲究策略，运用自身所拥有的各种知识进行合理、科学的处理。不同的问题，处理的方法也会有所不同，要学会区别对待、灵活化解，善于学习和倾听，以平等、宽容、适度为原则，提高分析问题、处理问题和解决问题的能力，以负责任的态度解决遇到的问题。

（四）积累实践经验

处理问题的能力需要在实践中不断锻炼和提高。要积极参与各种实践活动，在实际操作中积累经验，提高处理问题的技巧和水平。

要学会从失败中吸取教训，从成功中总结经验，不断完善自己处理问题的方法和策略。

模块小结

职业素养是指职业的内在规范和要求，是在职业过程中表现出来的综合品质，包含职业道德、职业技能、职业行为、职业作风和职业意识等方面。职业素养具有职业性、稳定性、内在性、整体性和发展性等特征，对个人职业发展、用人单位效益提升和社会经济发展都具有重要意义。大学生应通过培养职业意识、配合学校培养计划、有意识地培养隐性素养等途径进行自我培养，为未来的职业发展奠定坚实的基础。

从学生向职业人的角色转换是每个大学生必须经历的阶段，需要经历在校实践、毕业准备和见习适应三个阶段。在这个过程中，大学生要塑造良好的个人品质、树立责任意识、形成务实的工作态度、重视岗前培训，同时要避免学生对角色的依恋、对职业角色的畏惧、自傲心态和浮躁作风等常见错误。通过了解工作环境、踏实工作、积极学习、虚心请教和乐于奉献等方式来解决适应问题,并运用适当的心理调适技巧来缓解角色转换过程中的心理压力。

核心素养的培养包括职业形象、工作态度、意志品质和心理素质、沟通协调能力等方面。职业形象要求在服饰、容貌、基本礼仪等方面符合职业规范,体现专业性和职业性;工作态度要求树立责任意识、做好小事、培养敬业精神;良好的意志品质和心理素质是职业成功的重要保证,需要通过确立目标、接受挑战、培养习惯等方式来培养;有效的沟通协调能力是团队合作的基础,包括倾听技巧、表达技巧、非语言沟通和跨文化沟通等内容。

实践能力的培养是职业素养提升的重要途径,包括一般能力和职业能力两个层面。一般能力包括自主学习能力、语言表达能力、文字表达能力、逻辑思维能力、组织管理能力、社会适应能力和人际交往能力等;职业能力分为职业品质和专业能力两个方面,需要在日常生活、专业学习、社会实践中不断培养和积累。同时,要重点培养创新能力、团队合作能力和处理问题的能力,这些是现代职场必备的核心素养。

大学生要通过参与科研创新活动、集体活动、社会实践等方式,在日常学习生活中培养和提升各种实践能力,从而形成良好的职业素养体系。只有具备了全面的职业素养,才能在激烈的就业竞争中脱颖而出,在职业发展中取得成功,在人生道路上实现自我价值。

课后训练

一、选择题

1. 职业素养的核心要素是(　　)。

   A. 专业技能　　B. 工作态度　　C. 职业道德　　D. 沟通能力

2. 学生向职业人角色转换的第一个阶段是(　　)。

   A. 毕业前的角色转换　　B. 见习期的角色转换

   C. 在校园内参与实践活动　　D. 正式工作后的适应

3. 职业形象中服装穿着的"三色原则"是指(　　)。

   A. 全套装束颜色不超过三种　　B. 必须有三种颜色搭配

   C. 黑白灰三色为主　　D. 根据三种场合选择颜色

4. 有效沟通的黄金定律是(　　)。

   A. 以别人喜欢的方式去对待他们

B. 你想怎样被对待,你就怎样对待别人

C. 真诚、尊重、理解、赞美、换位思考

D. 善于倾听,勇于表达

5. 大学生培养创新能力的最佳年龄段是(　　)。

A. 18~20岁　　B. 20~30岁　　C. 25~35岁　　D. 30~40岁

6. 团队精神的核心是(　　)。

A. 个人能力突出　　B. 服从领导安排

C. 协作共赢　　D. 竞争意识强

7. 处理问题的基本步骤不包括(　　)。

A. 明确问题　　B. 收集信息　　C. 推卸责任　　D. 制定方案

8. 职业素养的特征不包括(　　)。

A. 职业性　　B. 稳定性　　C. 随意性　　D. 发展性

二、判断题

1. 职业素养一旦形成就不会改变,具有绝对的稳定性。(　　)

2. 刚入职的大学生应该从基础工作做起,逐步积累经验和能力。(　　)

3. 职业形象只包括外在的服饰打扮,与内在素质无关。(　　)

4. 在沟通过程中,说比听更重要,要积极表达自己的观点。(　　)

5. 实践能力只能通过参加社会实践活动来培养,课堂学习无法提升。(　　)

6. 意志品质是天生的,无法通过后天培养来改变。(　　)

7. 团队合作能力要求个人完全服从集体,放弃个人观点。(　　)

8. 创新能力的培养需要广泛的知识基础和丰富的实践经验。(　　)

三、思考题

1. 结合《兴趣与责任的平衡》,分析在职业发展中如何处理个人兴趣与工作责任的关系。思考应该如何培养职业责任感。

2. 请分析学生角色与职业人角色的主要区别,并思考如何顺利完成角色转换。结合自身情况,制订一份角色转换的行动计划。

3. 以你所学专业为例,分析该专业对职业形象有哪些特殊要求,你应该如何塑造良好的职业形象。请从服饰、容貌、礼仪等方面具体说明。

4. 制订一份针对自己的职业素养提升计划,包括目标设定、具体措施和时间安排。该计划应涵盖职业形象、工作态度、沟通能力、实践能力等多个方面。

5. 分析现代职场对大学生沟通协调能力的要求,并结合前文中的某公司案例,思考如何避免沟通中的误区,提高沟通效果。

6. 以团队合作为主题，分析个人主义与团队精神的关系，探讨如何在保持个性的同时培养团队合作能力。

7. 结合你的专业学习和职业规划，分析创新能力在你未来职业发展中的重要性，并制定创新能力培养的具体措施。

四、案例分析题

阅读以下案例，回答问题：

小李是某大学计算机专业的应届毕业生，专业成绩优秀，在校期间担任过学生会干部，参加过多次社会实践活动。毕业后，他顺利进入了一家知名IT公司工作。然而，工作三个月后，小李发现自己在职场中遇到了一些问题：

1. 在团队会议中，小李总是急于表达自己的观点，经常打断同事发言，导致同事对他有些意见。

2. 领导安排他做一些看似简单的基础工作，小李认为这些工作对他来说太简单了，没有挑战性，因此工作积极性不高。

3. 在与客户沟通时，小李过分强调技术细节，客户听不懂，导致沟通效果不好。

4. 面对工作中的挫折和批评，小李容易情绪化，有时会与同事发生争执。

请结合本模块所学内容，分析小李在职业素养方面存在哪些问题，并提出改进建议。

附录

职业生涯规划课程评价反馈问卷

基本信息

年级:□大一　□大二　□大三　□大四

专业:____________

性别:□男　□女

一、课程总体评价

1. 你对本门课程的总体满意度是什么?　　(　　)

A. 非常满意

B. 比较满意

C. 一般

D. 不太满意

E. 非常不满意

2. 你认为这门课程对你的职业发展帮助程度如何?　　(　　)

A. 帮助很大,对职业规划有重要指导作用

B. 有一定帮助,提供了一些有用信息

C. 帮助一般,作用不太明显

D. 帮助较小,实用性不强

E. 没有帮助

3. 通过学习这门课程,你最大的收获是什么?(可多选)　　(　　)

A. 明确了职业发展目标

B. 提高了自我认知能力

C. 学会了职业规划的方法和工具

D. 了解了就业市场和行业信息

E. 提升了求职技能

F. 培养了职业素养

G. 其他:____________________

二、课程内容评价

4. 你认为课程内容的实用性如何? (　　)

A. 非常实用,与实际职业发展密切相关

B. 比较实用,大部分内容有指导意义

C. 一般,部分内容实用

D. 不太实用,理论性过强

E. 完全不实用

5. 你认为课程内容的难易程度如何? (　　)

A. 太难,难以理解

B. 有点难,需要努力学习

C. 适中,容易接受

D. 比较简单

E. 太简单

6. 你认为以下哪些内容最有价值? (按重要性排序,在下方括号内填入1~6)

☐ 职业和职业生涯规划基本概念

☐ 职业生涯规划理论

☐ 自我认知与探索(兴趣、能力、性格等)

☐ 环境认知与分析

☐ 职业目标设定与路径规划

☐ 职业素养提升

7. 你认为课程内容还需要增加哪些方面? (可多选) (　　)

A. 更多行业介绍和职业信息

B. 求职技巧和面试技能

C. 创新创业指导

D. 职场适应和人际关系

E. 简历制作和求职信写作

F. 实习实践指导

G. 其他:____________________

三、教学方式评价

8. 你最喜欢的教学方式是? (可多选) (　　)

A. 理论讲授

B. 案例分析

C. 小组讨论

D. 角色扮演

E. 实践操作

F. 嘉宾讲座

G. 其他：____________________

9. 你认为课程中的实践环节设置如何？ (　　)

A. 非常合理，实践性强

B. 比较合理，有一定实践性

C. 一般，实践环节较少

D. 不太合理，缺乏实践性

E. 完全没有实践环节

10. 你希望增加哪些实践活动？（可多选） (　　)

A. 职业体验活动

B. 企业参观

C. 行业专家讲座

D. 模拟面试

E. 职业生涯规划书撰写指导

F. 职业测评与分析

G. 其他：____________________

四、课程资源评价

11. 你对课程使用的教材满意度如何？ (　　)

A. 非常满意

B. 比较满意

C. 一般

D. 不太满意

E. 非常不满意

12. 你认为课程提供的学习资源是否充足？ (　　)

A. 非常充足

B. 比较充足

C. 一般

D. 不太充足

E. 严重不足

13. 你希望获得哪些额外的学习资源？（可多选） (　　)

A. 职业测评工具

B. 行业报告和数据

C. 求职技能培训视频

D. 职业规划模板和工具

E. 在线学习平台

F. 职业发展案例库

G. 其他:____________________

五、教师评价

14. 你对任课教师的专业水平满意度如何? (　　)

A. 非常满意

B. 比较满意

C. 一般

D. 不太满意

E. 非常不满意

15. 你对任课教师的教学方法满意度如何? (　　)

A. 非常满意

B. 比较满意

C. 一般

D. 不太满意

E. 非常不满意

六、课程改进建议

16. 你认为这门课程最需要改进的地方是什么?

____

17. 你希望这门课程增加哪些新的内容或环节?

____

18. 你认为这门课程的学时安排是否合理? (　　)

A. 非常合理

B. 基本合理

C. 学时太少,应该增加

D. 学时太多,可以减少

E. 不确定

19. 你认为这门课程应该安排在哪个学期较为合适? (　　)

A. 大一上学期

B. 大一下学期

C. 大二上学期

D. 大二下学期
E. 大三上学期
F. 大三下学期
G. 其他：____________________

20. 你会向其他同学推荐这门课程吗？（ ）
A. 强烈推荐
B. 会推荐
C. 可能会推荐
D. 不会推荐
E. 强烈不推荐

七、开放性问题

21. 请结合你的学习体验，谈谈这门课程对你产生的具体影响。

____

22. 你认为这门课程与你的专业学习之间的关联度如何？如何能更好地结合？

____

23. 你对学校开设职业生涯规划课程有什么其他建议或意见？

____

24. 你希望学校在职业指导服务方面还能提供哪些支持？

____

感谢你的参与！你的意见和建议对我们改进课程质量具有重要意义。

参 考 文 献

[1] 高志刚. 大学生职业生涯规划与就业创业指导[M]. 天津:南开大学出版社,2016.

[2] 侯士兵,杨薛雯. 职业生涯发展与规划[M]. 上海:上海交通大学出版社,2018.

[3] 李业旗,王志宇. 大学生就业指导与创业教育训练教程[M]. 北京:科学出版社,2012.

[4] 刘晨. 大学生职业生涯规划与就业指导(上册)[M]. 成都:四川大学出版社,2018.

[5] 刘盛贤,赵岚. 大学生心理调适与发展[M]. 北京:高等教育出版社,2012.

[6] 罗明忠. 大学生职业生涯规划与就业指导[M]. 北京:科学出版社,2018.

[7] 曹海英. 大学生职业生涯规划[M]. 上海:上海交通大学出版社,2023.

[8] 契克森米哈赖. 发现心流:日常生活中的最优体验[M]. 陈秀娟,译. 北京:中信出版社,2018.

[9] 王志洲,韦静坚,曹安民. 职业生涯规划[M]. 3 版. 北京:人民邮电出版社,2019.

[10] 熊苹. 职业生涯规划[M]. 北京:清华大学出版社,2014.

[11] 杨红艳. 大学生职业生涯规划[M]. 北京:中国农业出版社,2021.

[12] 张博. 职业生涯规划与管理[M]. 北京:中国电力出版社,2014.

[13] 张静. 大学生凭什么找份好工作:大学生职业生涯规划[M]. 北京:中国海洋大学出版社,2016.

[14] 张晓蕊,马晓娣,岳志春. 大学生职业生涯规划[M]. 北京:北京理工大学出版社,2019.

[15] 张雪霞,李亚利. 大学生职业生涯规划实训指导[M]. 北京:北京理工大学出版社,2020.

[16] 钟谷兰,杨开. 大学生职业生涯发展与规划[M]. 上海:华东师范大学出版社,2008.

[17] 周清,何独明. 大学生职业生涯规划与就业指导[M]. 北京:北京理工大学出版社,2019.